# Life Pov

## WOMEN'S WORK

Numer 7(05/23)

GW00859350

W tym numerze między innymi:

**Pani swojego JA**
**Nie narzucaj się!**
**ABC pielęgnacji...**
**Rozwój NIE DZIAŁA!**
**Kreatywna czy pomysłowa?**
**Pozycjonowanie eksperckie**

**Sztuka dotyku - sztuka masażu**
**Nie mam już wyzwać! Mam cele.**
**5 Największych kłamstw o miłości**
**Sukces, pieniądz i balans życiowy ...**
**Mentalna Akupunktura - Terapia EFT**
**Czy warto przeprowadzać transmisje na żywo**
**Sztuka przyjmowania komplementów w rodzicielstwie**
**6 kluczowych kroków do budowania marki osobistej**
**i wiele innych**

## Słowo wstępu:

Droga czytelniczko,

Jesteśmy zaszczycone, że już po raz siódmy możemy przedstawić Ci najnowsze wydanie magazynu Life Power. Nie jest to zwyczajne wydanie magazynu, z dwóch powodów:

- Po pierwsze, dokładnie rok temu, 17 maja, ukazał się nasz pierwszy magazyn Life Power, a teraz, razem z Wami i dzięki Wam, świętujemy nasze pierwsze urodziny.

- Po drugie, jest to pierwszy numer magazynu, który możesz czytać nie tylko w wersji online, ale także w wersji papierowej. To był wspaniały rok, który wiele przyniósł dla całego projektu, jak i dla wszystkich osób w redakcji. Mamy nadzieję, że kolejne lata będą równie owocne.

Życie to podróż pełna różnych ścieżek, które mogą prowadzić Cię do niezwykłych miejsc. Współczesny świat nieustannie się rozwija, a my idziemy z nim w parze. Life Power to droga, która może pomóc Ci w osiągnięciu wyznaczonych celów w życiu, pomóc w pokonywaniu różnych etapów i pozwolić na chwilę wytchnienia, gdy tego potrzebujesz. Artykuły zawarte w magazynie opierają się na 8 strefach życia, które wpływają na jego jakość. Mamy nadzieję, że treści publikowane w magazynie dostarczą Ci narzędzi i inspiracji, aby wprowadzić pozytywne zmiany w Twoim życiu i aby było ono takie, na jakie zasługujesz.

e-mail: **lifepower.magazyn@gmail.com**
fanpage: LifePower
IG: @lifepower.pro

W imieniu całej redakcji,
Agnieszka Troć

# Zapraszamy do lektury poprzednich numerów

1 (05/22)    2 (07/22)    3 (09/22)    4 (11/22)    5 (01/23)    6 (03/23)

# Stopka redakcyjna

| Wydawca: | **LifePOWER** | Zespół redakcyjny: | |
|---|---|---|---|
| Opracowanie graficzne: | Agnieszka Troć | Agnieszka Troć - redaktor naczelna | Ela Senghera |
| Korekta tekstu: | Izabella Wright, Agnieszka Troć, Oliwier Troć | Ewelina Skurzyńska - redaktor | Justyna Sodel |
| | | Izabella Wright - redaktor | Katarzyna Biegala |
| | | Agnieszka Zuzanna Derleta | Katarzyna Kaziszyn |
| | | Aleksandra Bartoszewicz-Rudzińska | Karolina Potrac |
| Okładka: | Magdalena Pawłowska | Anna Bekas | Magdalena Pawłowska |
| | | Diana Voit | Magdalena Mostowy |
| Zdjęcie na okładkę: | Pola Lenska | Ela Byrne | Marzena Żuławnik |
| | | | Milena Juszczak-Marciniak |
| | | | Weronika Pokusa-Piekutowska |

# Spis treści:

# Patronat medialny:

Już 20 maja świętuj z nami nasze
## 1 urodziny
na Konferencji Life Power - Zmiana
zaczyna się od Ciebie

# Pozycjonowanie eksperckie

Jak zbudować dochodowy biznes na własnej wiedzy.

Magdalena Pawłowska

Od tysięcy lat, wiedza była jednym z najcenniejszych dóbr, jakie posiadamy. Erudycja, błyskotliwość, kreatywność pomagała niejednej osobie odnieść sukces. Wiedza poparta edukacją i doświadczeniem, zawsze była w cenie. Nie da się ukryć, że to właśnie takim ludziom chcemy ufać, powierzać im swoje życie, swoje firmy. Chcemy współpracować tylko z najlepszymi specjalistami, z wybitnymi ekspertami w danej branży. **Jeśli chcesz odnieść sukces i cieszyć się szacunkiem w oczach innych, musisz zbudować wizerunek eksperta!** Chcesz wiedzieć jak to zrobić? Przeczytaj mój poradnik!

## Kim jest dziś ekspert?

Zacznijmy od początku. Jeśli zajrzysz do Wielkiego Słownika Języka Polskiego, to przeczytasz, że jest to „osoba mająca gruntowną wiedzę w jakiejś dziedzinie". A w słowniku języka polskiego PWN dowiesz się, że jest to „specjalista powoływany do wydania orzeczenia lub opinii w sprawach spornych" jak i „osoba uznawana za autorytet w jakiejś dziedzinie". I to jest właśnie pierwsza rzecz, jaką musisz zrobić w pozycjonowaniu eksperckim. Wybrać odpowiednią dziedzinę, konkretną niszę w której chcesz działać. Dla mnie słowo "ekspert" oznacza osobę, konkretnego specjalistę, który posiada wiedzę teoretyczną i praktyczną, ma odpowiednie doświadczenie w konkretnej, wąskiej specjalizacji. Ponadto, cały czas się edukuje w tej branży, rozwija się, wychodzi przed szereg. Ważne jest tu doświadczenie, zbieranie cennych życiowych lekcji. Wiedzę należy przekładać w praktykę. To, co się dowiesz na kursie czy szkoleniu, przeczytasz w książce - wykorzystaj, sprawdzaj, dodaj coś od siebie. Teoria jest ważna i potrzebna, jednak to doświadczenie przybliża cię do osiągnięcia celu.

## Bądź wiarygodnym ekspertem

Autentyczności nie kupisz, za żadne pieniądze. Musi być ona poparta wiedzą i doświadczeniem, ale także pewną pewnością siebie. Musisz wierzyć w to, co mówisz i piszesz. Autentyczność, zawsze przyciąga innych ludzi. Tu warto jest ustalić konkretne wartości, jakimi chcemy się kierować, powinny być one wplecione w DNA naszej strategii marketingowej jako eksperta oraz firmy, którą reprezentujemy.

## Trzeba brać odpowiedzialność za bycie ekspertem!

Od ekspertów zawsze oczekuje się czegoś więcej. Trzeba już na początku, odpowiedzieć sobie na pytanie, czy jesteśmy na to gotowi. Czy nasza wiedza jest na wystarczającym poziomie? Czy nie potrzebuje studiów, kursów czy szkoleń, które wzbogacą moją wiedzę? Nie zawsze potrzebne jest wyższe wykształcenie, wszystko zależy od branży. Przykładowo: dla rękodzielnika, ważna jest kreatywność i fach w ręce. Dla osoby z branży medycznej, studia, kursy i szkolenia. Moim celem było stać się ekspertką od działań marketingowych. Zdawałam sobie sprawę z potęgi wiedzy i wiedziałam, że moi podopieczni, oczekują ode mnie bezpieczeństwa, ufają mi, więc muszę być autentyczna w tym co robię i najlepsza. Dlatego już teraz, radzę wybrać wąską branżę, swoją konkretną niszę. Nie da się być ekspertem od wszystkiego.

## Nie miej obaw przed sukcesem!

Jeśli czujesz, że boisz się oceny innych osób, a nawet potencjalnego hejtu, musisz to przepracować we własnym zakresie bo trudno będzie Ci przeć do przodu z wciśniętym hamulcem. Mastermind, mentoring czy coaching mogą Ci w tym pomóc. Ograniczające przekonania w głowie ma każdy z nas, ale nie możesz pozwolić aby powstrzymywały Cię od działania. Ja polecam na początek napisać na kartce "Jestem ekspertką od…" i przykleić w widocznym miejscu, tak aby codziennie widzieć ją przed oczami, powtarzać, aby w końcu w to uwierzyć. Takie ćwiczenie, bardzo proste z pozoru, tworzy nowe połączenie neuronowe, mózg zacznie akceptować ten fakt, a ty w to uwierzysz!

## Inwestuj w markę osobistą!

Nie każdy musi to robić, ale jeśli zależy Ci na byciu ekspertem w oczach innych to powinien być to dla Ciebie must have. Z moich obserwacji i doświadczenia wynika, że to jedna z najlepszych możliwych inwestycji. **Inwestycja w siebie, zawsze się zwraca.**

## Jak to zrobić?
## Oto kilka moich tipów:

### Tytuł

Skończyłaś studia, masz tytuł magistra lub doktora? Świetnie, wykorzystaj to!
Tytuł zawsze dodaje prestiżu, szczególnie w branży naukowej czy medycznej.

### Jednozdaniowy tytuł

Tuż obok imienia i nazwiska powinien pojawić się tytuł, informacja o tym, co robisz, kim jesteś. Krótko i konkretnie.
Pomyśl, jak możesz się tytułować? Mój tytuł to prekursorka i ekspertka kursów online.

### Osiągnięcia

Różne nagrody, ukończone kursy, szkolenia, dyplomy, statuetki, udział w książkach, są to ważne elementy Twojego wizerunku jak i pozycjonowania eksperckiego. Koniecznie to wykorzystaj.

## Partnerstwo - joint venture

Wzajemne polecanie się i wspieranie z innymi markami, zawsze przynosi wiele korzyści. Taka wymiana wizerunku może pomóc Ci w osiągnięciu swojego celu. Takie wsparcie jest nieocenione i zawsze warto je mieć. Tu działa prosta zasada, Ty polecasz kogoś, a ta osoba Ciebie, podczas różnych kampanii.

## Klienci

Pokazuj konkretne rezultaty, to co osiągnęli klienci z Twoją pomocą. Poproś o rekomendacje i pokaż je innym.

## Kontent

Mów prostym i zrozumiałym językiem. Pokazuj to co umiesz w filmikach, rolkach. Wyjaśniaj krok po kroku ważne zagadnienia, dziel się wiedzą z innymi.

## PR

W social mediach polecasz się sam, zadbaj, aby ktoś inny polecał, pisał, mówił o Tobie. Wywiady, artykuły, udział w rankingach, zawsze świetnie się sprawdzają.

Chcesz wiedzieć jeszcze więcej o pozycjonowaniu eksperckim? Posłuchaj mojego podcastu o pozycjonowaniu eksperckim, na moim kanale Marketing Masterclass.

Pozycjonowanie eksperckie odgrywa kluczową rolę w budowaniu dochodowego biznesu opartego na własnej wiedzy, ponieważ pozwala na wyraźne zaznaczenie swojej obecności na rynku i wyróżnienie się wśród konkurencji. Poprzez umiejętne promowanie swojej ekspertyzy i specjalizacji, eksperci zyskują zaufanie potencjalnych klientów oraz budują swoją markę osobistą - to są najważniejsze waluty w dzisiejszym biznesie online. W efekcie, większa liczba osób jest skłonna skorzystać z usług lub produktów oferowanych przez takiego eksperta, co przekłada się na zwiększenie dochodów.

Zachęcam Cię serdecznie, aby zacząć prezentować się jako eksperta i zająć swoje miejsce w branży.

**Magdalena Pawłowska**

www.magdalenap.com
www.fb.com/magdalenamarketing
www.instagram.com/magdalena_pawlowska

**Magdalena Pawłowska** - ekspertka marketingu i kursów online, przedsiębiorczyni, autorka bestsellerowej książki Jedna kampania do wolności oraz współautorka wraz z Ewą Chodakowską książki Moja Pasja Mój Biznes, prowadząca podcast Marketing MasterClass®, twórczyni Kampanii WOW – największego w Polsce biznesowego szkolenia o kursach online.
Na swoim koncie ma wielomilionowe kampanie sprzedażowe. Pomogła setkom osób wydać kursy i zbudować dochodowe biznesy online. Jej podopieczni regularnie osiągają wyniki 100 000 zł w sprzedaży kursów, a wielu przebiło już pierwszy MILION!
Więcej: www.magdalenap.com

# Nie mam już wyzwań! Mam cele.

## Inspirujący wywiad z Dianą Voit

Agnieszka Troć ● ●

Gdy po raz pierwszy miałam okazję porozmawiać z Dianą Voit, poczułam od niej niesamowitą energię, którą wręcz zarażała wszystkich dookoła, mimo że stała o kulach. Zrobiła na mnie piorunujące wrażenie, dlatego zaprosiłam ją, aby podzieliła się swoją inspirującą historią na łamach magazynu „Life Power".

**Agnieszka Troć: Diana, jesteś mówcą motywacyjnym i coachem, ale wiem, że nie lubisz siebie w ten sposób nazywać. Może powiesz nam, dlaczego? Jak wolisz określać to, co robisz i w jaki sposób pomagasz innym?**

**Diana Voit:** Mentoring - zajmuję się przyczynami i okolicznościami danej sytuacji, podczas gdy coaching jest zazwyczaj zorientowany na możliwości działania i osiąganie szybszych wyników. Stosuję obie te metody, ale nie są one jedynymi, których używam. Dzięki ponad 17-stu latom gromadzenia i ciągłego poszerzania wiedzy z zakresu ludzkiego umysłu, psychiki oraz mechanizmów odpowiedzialnych za nasze zachowania, zgromadziłam narzędzia, dzięki którym metoda, którą stosuję, jest unikalna i opracowana przeze mnie. Zawsze jest ona dopasowana indywidualnie do danej osoby, choć na pewnych etapach może zawierać pewne cechy wspólne.

Ok. 90% osób, z którymi pracuję, to osoby po przebytych terapiach, które z różnych powodów nie mogą ruszyć z miejsca, nie potrafią zaakceptować siebie, mają problemy z akceptacją społeczną, budową relacji czy choćby odnalezieniem własnej drogi do szczęścia. Każda osoba jest inna, tak jak jej potrzeby.

Nie lubię określenia „coach", gdyż stało się ono zbyt „modne". W dzisiejszych czasach praktycznie każdy może nim zostać, niestety nie każdy zdaje sobie sprawę z faktu, że ludzka psychika to nie jest zabawka, a człowiek potrzebujący pomocy nie jest bankomatem. Konsekwencje pracy kilku z nich poznałam na swoich sesjach i z całego serca polecam, aby słuchać głosu swojej intuicji podczas dokonywania wyboru.

**A: Pomagasz innym, między innymi w zrozumieniu siebie i przełamaniu barier samoakceptacji. Nie jest to prosta praca, ponieważ często wiąże się z ludzkimi traumami. Skąd ta droga życiowa? Dlaczego akurat Ty ją wybrałaś?**

**D:** Najprostsza odpowiedź brzmi - cel duszy, misja, powołanie. Pomagałam, odkąd pamiętam. Zawsze bolała mnie ludzka krzywda. Choć sama nie miałam łatwo, stawałam w obronie słabszych, pocieszałam płaczące koleżanki na szkolnych korytarzach, nawet jeśli one wcześniej były dla mnie niezbyt przyjemne. Z upływem lat ta potrzeba pomocy tylko wzrastała, a teraz jest moją największą pasją.

**A:** Mówisz, że od zawsze pomagałaś innym, choć sama nie miałaś łatwo. Czy możesz zdradzić coś więcej? Z jakimi trudnościami musiałaś się mierzyć?

**D:** Rozpoczęłam edukację rok wcześniej niż powinnam. Praktycznie od początku tej drogi towarzyszył mi bullying. Jedną z przyczyn było wtedy tzw. „królicze uzębienie". Wyśmiewany był również mój ojciec z racji wieku - był dużo starszy od mojej mamy (32 lata różnicy). Każdego dnia stawałam w jego obronie oraz notorycznie tłumaczyłam, że nie jest moim dziadkiem. Kiedy miałam 9 lat, tata zmarł. Mój świat odwrócił się do góry nogami. Później „nauczyłam się" czym jest przemoc psychiczna i fizyczna. Tak w skrócie mówiąc, wyglądał u mnie okres podstawówki i liceum.

**A: Faktycznie, przeżyłaś już wiele trudności i doświadczeń w bardzo młodym wieku. Jak to się stało, że wszystkie te trudności nie zniszczyły ciebie, a wręcz przeciwnie? Mam wrażenie, że jesteś teraz niesamowicie silną kobietą, która wręcz zaraża swoją energią. Skąd czerpiesz siłę?**

**D:** Na starych fundamentach nie powinno się budować nowego domu. Ja natomiast powstałam na zniszczonych fundamentach. Nakładano tylko na nie kolejne cegły, które następnie uszkadzano. W środku cały czas płonął ogień, którego pochodzenia nie znam. Dom, czyli ja, w końcu runął, ale ogień przetrwał. Od tamtej pory zaczęłam wszystko od początku. Zbudowałam solidne fundamenty, których nie da się ruszyć. Nawet jeśli coś dzieje się z konstrukcją, bez problemu przeprowadzam renowację. Intuicja również odegrała tu ogromną rolę. Zawsze czułam, że można inaczej, lepiej, zawsze kłóciłam się z systemem. To dawało i daje mi siłę.
W końcu wystarczy iskra, aby rozpalić ogień.

**A:** Piękne porównanie do domu bardzo mi się podoba. Jestem architektem, chociaż już niepraktykującym, dlatego szczególnie przemawia do mnie ta metafora. Przeszłaś wiele trudnych momentów w dzieciństwie i wczesnej młodości, ale udało Ci się zbudować siebie na nowo i odrodzić jak feniks z popiołów. Niestety, nawet teraz nie jest Ci łatwo, ponieważ każdego dnia musisz zmagać się z chorobą. Czy mógłbyś zdradzić czytelniczkom, z czym musisz się mierzyć każdego dnia?

**D:** Od dziecka miałam problemy z kręgosłupem. W podstawówce po raz pierwszy wypadł mi dysk, do tego doszła skolioza, rwa kulszowa i kilka innych dolegliwości. Z czasem doszły skręcane kilkukrotnie kolana, pojawiła się niedoczynność tarczycy (bardzo późno zdiagnozowana).

Dwa lata temu, wyjeżdżając do pracy, odłożyłam torebkę na tylne siedzenie. Strzeliło mi w plecach tak mocno, że dosłownie zobaczyłam galaktykę. Kiedy opanowałam ból, sprawdziłam czucie i wyrównałam oddech, pojechałam do pracy. W skrócie mówiąc, skończyło się to moim drugim w życiu zwolnieniem lekarskim (L4).

Przez sześć miesięcy czołgałam się po domu na kolanach, a miałam też lepsze dni. Każdego dnia musiałam zmagać się z bólem i walczyć o coś z lekarzami. Od tamtej pory żyję w ciągłym bólu, który w większości opanowuję za pomocą umysłu, do momentu, kiedy moje ciało pada i wymaga natychmiastowej regeneracji. Jedynym środkiem, który lekarze są w stanie mi zaoferować, jest Oxycodone, który dla mnie jest ostatecznością.

> " ——
> **Od tamtej pory żyję w ciągłym bólu, który w większości opanowuję za pomocą umysłu**
> (...)
> —— "

Moja diagnoza to hEDS, czyli choroba genetyczna, nieuleczalna, rozwalająca nie tylko kości i stawy, ale również organy. Zazwyczaj jej zdiagnozowanie w Polsce zajmuje około 10 lat. Dodatkowo otrzymałam nawrot tarczycy, chroniczną chorobę nerek na poziomie trzecim i podejrzenie POTS z racji sinienia kończyn. To wszystko może wydawać się pierdołami, ale dla mnie to poważne problemy.

Z osoby pracującej na minimum dwa etaty, zajmującej się dziećmi i remontami (typowa Zosia samosia), stałam się osobą niepełnosprawną. To ostatnie słowo nie jest jednak przez mnie akceptowane, i choć obecnie poruszam się o kulach i wiele narządów się buntuje, mam swoje zdanie na ten temat i wiem, że będę jeszcze tańczyć.

**A: Co jest dla Ciebie najważniejszym wyzwaniem?**

D: Nie mam już wyzwań. Mam cele i pasje. Moim największym jest pomaganie ludziom w kompleksowej zmianie ich życia. Dlatego często zapraszam na moje live ludzi z różnych profesji i zawodów, aby przekazać jeszcze więcej narzędzi. Jestem wciąż głodna wiedzy. Prywatnie odkrywam siebie każdego dnia, a moim celem jest zmiana miejsca zamieszkania, odnalezienie swojego miejsca na ziemi i podróże, mimo że znam ich konsekwencje dla mojego ciała.

**A: Gdybyś mogła dać czytelniczkom jedną radę/wskazówkę, jak brzmiałaby?**

D: Niezależnie od tego, co wmawiano Ci przez całe życie, pamiętaj... Jesteś cudem, jesteś wyjątkowa i jedyna w swoim rodzaju. Nie pozwól nikomu przyćmić Twojego blasku.

Dziękuję Ci Diana za fascynującą i inspirującą rozmowę oraz życzę Tobie przede wszystkim zdrowia i siły, byś mogła dalej tak wspaniale pomagać innym, inspirować i pokazywać, jak można pokonać wszelkie trudności.

**Agnieszka Troć**

# Kreatywna czy pomysłowa?

## Pokonaj wszystkie blokady i uwolnij swoją kreatywność.

Agnieszka Troć

# Czy KREATYWNOŚĆ i POMYSŁOWOŚĆ to jest to samo?

## Otóż NIE.

**Kreatywność** pochodzi z języka łacińskiego od słowa „creare", co oznacza „tworzyć", a zatem jest to umiejętność tworzenia (kreowania) czegoś nowego i wartościowego. Może to obejmować tworzenie nowych pomysłów, produktów, usług, sztuki, muzyki itp. Kreatywność wymaga myślenia poza utartymi schematami i odważnego eksperymentowania.

Dla odmiany, **pomysłowość** to zdolność do generowania pomysłów. Może również obejmować pomysły na rozwiązanie problemów, nowe projekty, strategie, koncepcje i wiele innych. Pomysłowość wymaga również myślenia poza utartymi schematami, ale przeważnie na tym się kończy.

Jeśli nie przejdziemy do działania, jeśli nie zaczniemy odważnie eksperymentować, jeśli nie zaczniemy wdrażać pomysłów w życie, jeśli nie zmierzymy się z porażką, jeśli nie będziemy wyciągać wniosków z potknięć i niepowodzeń, jeśli nie narazimy się na krytykę, pomysł pozostanie jedynie pomysłem i często szybko zostanie zapomniany.

## O tyle o ile kreatywność zawiera w sobie pomysłowość, to pomysłowość niestety nie ma w sobie kreatywności.

Kreatywność wymaga odwagi, eksperymentowania, podnoszenia się po każdej nieudanej próbie, wyciągania wniosków, modyfikacji planu i próbowania jeszcze raz.

Ograniczając się jedynie do pomysłowości, nie odniesiemy nigdy porażki, nigdy nie zostaniemy skrytykowani, a wręcz przeciwnie, często inni będą chwalić nasze pomysły. Czasem nawet sami mogą je zacząć realizować zamiast nas. A nam zostanie jedynie frustracja.

Wyobrażasz sobie, co by było, gdyby Thomas Edison zakończył na pomyśle, że dobrze byłoby mieć coś takiego, co by sprawiało, że w nocy w domu jest widno, a nigdy nie podjąłby tak wielu prób wynalezienia żarówki? Być może do dziś wieczory spędzalibyśmy przy świecach albo wynalazcą żarówki byłby ktoś inny.

Dlatego kreatywność jest tak ważna w rozwoju zarówno artystycznym, biznesowym, jak i osobistym.

**Kreatywność to potężne narzędzie,** które może odblokować nieskończone możliwości w Twoim życiu osobistym i zawodowym. To klucz do odkrywania nowych perspektyw, generowania świeżych pomysłów i rozwiązywania złożonych problemów. Jednak wiele osób błędnie uważa, że kreatywność jest zarezerwowana tylko dla artystów lub osób z wrodzonym talentem. Prawda jest taka, że każdy ma potencjał do bycia kreatywnym, a uwolnienie go może zmienić życie. Niezależnie od tego, czy jesteś przedsiębiorcą poszukującym innowacji, marketingowcem starającym się przyciągnąć uwagę odbiorców, czy po prostu kimś, kto chce prowadzić bardziej satysfakcjonujące życie, ogarnięcie swojej kreatywności jest pierwszym krokiem do osiągnięcia swoich celów.

## Więc zanurzmy się i odkryjmy moc uwalniania swojej wewnętrznej kreatywności.

Kreatywność jest niezwykle ważna w wielu branżach i dziedzinach życia, a jej znaczenie stale rośnie wraz z postępem technologicznym i zmianami społecznymi. W **branży artystycznej** kreatywność jest oczywista, ale ma również zastosowanie w biznesie, edukacji, medycynie, architekturze i wielu innych dziedzinach. W **branży reklamowej** kreatywność jest kluczowa do tworzenia kampanii reklamowych, które wyróżniają się na tle konkurencji i przyciągają uwagę klientów. W dziedzinie **technologii** kreatywność prowadzi do innowacyjnych rozwiązań i wynalazków, które zmieniają sposób, w jaki żyjemy i pracujemy. W **edukacji** kreatywność pomaga nauczycielom w tworzeniu ciekawych i interaktywnych zajęć, które zachęcają uczniów do aktywnego uczestnictwa w procesie nauki. W **medycynie** kreatywność jest potrzebna do rozwiązywania skomplikowanych problemów i tworzenia nowych technologii leczniczych. W **architekturze** kreatywność pozwala na tworzenie innowacyjnych i efektywnych projektów budowlanych, które wpływają na jakość życia ludzi. **Tak naprawdę, jest ona ważna w każdej dziedzinie życia**, nawet przy **planowaniu posiłków** lub **spędzaniu wolnego czasu**. Oczywiście, nie można tu także pominąć jak wielką rolę odgrywa ona również w **rozwoju osobistym i duchowym** każdego człowieka.

Ponadto, kreatywność pozwala nam także na eksplorowanie nowych idei, perspektyw i sposobów myślenia, co prowadzi do rozwijania naszej intelektualnej elastyczności i zdolności adaptacyjnych do zmieniających się sytuacji. W ten sposób kreatywność może wpływać na nasz rozwój jako osoby, pomagać nam odkrywać nasz potencjał i prowadzić do bardziej spełnionego i pełnego życia.

Niestety, bardzo często spotykam się z ludźmi, którzy doświadczają zablokowania lub wypalenia kreatywności. Dlaczego tak się dzieje?

## Co nas blokuje?

Istnieje wiele czynników, które mogą blokować naszą kreatywność, zarówno w życiu prywatnym, jak i zawodowym. Jednym z najczęstszych jest strach przed niepowodzeniem lub krytyką. Brak pewności siebie również może utrudnić nam wyjście poza utarte schematy myślenia. Często wpływ na kreatywność ma również nasze otoczenie, które ogranicza możliwość eksperymentowania i wprowadzania innowacji. Innymi czynnikami mogą być zbyt duża presja, przeciążenie informacyjne, rutyna, a także blokujące przekonania, stereotypy i schematy myślenia, z których często nie zdajemy sobie sprawy.

Jeśli jesteś jedną z osób, które czują, że ich kreatywność jest w jakikolwiek sposób zablokowana, albo nawet mają przekonanie, że nie są kreatywne, mam dla Ciebie dobrą wiadomość. Kreatywność możesz odblokować w każdej chwili. Może to być Twoje narzędzie do codziennego użytku, które będziesz stosować w każdej dziedzinie życia, między innymi do:

- kreatywnego gotowania
- kreatywnego spędzania czasu wolnego
- kreatywnych zabaw z dziećmi
- kreatywnego biznesu
- kreatywnego rozwoju osobistego
- kreatywnego rozwiązywania problemów

a także każdaj jednej rzeczy bądź sytuacji, w której trzeba wykazać się tą fantastyczną cechę.

**Co zrobić, aby odblokować swoją kreatywność?** Na podstawie swoich własnych doświadczeń oraz pracy z innymi ludźmi, głównie artystami, opracowałam program 12 kroków, który pomoże Ci odblokować Twój pełen potencjał. Od czego musisz zacząć? Zidentyfikuj na początek przekonania oraz stereotypy na temat swojej kreatywności i wszystkie te rzeczy, które Cię blokują. W kolejnych artykułach w magazynie LifePower opowiem Ci więcej, jak możesz to zrobić. Tymczasem zapraszam Cię do pracy z Kreatywnikiem, czyli planerem kreatywności, który w 12 tygodni i 12 prostych krokach pomoże Ci odblokować swoją kreatywność.

**Agnieszka Troć**

FB : Agnieszka Troc
IG: akademia_atdp
IG: agatroc.coach

www.atdp.com.pl

**Zobacz więcej.
Zeskanuj kod.**

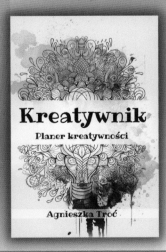

**Agnieszka Troć** - certyfikowany life coach, art coach, arteterapeuta oraz chromaterapeuta. Łączy wieloletnie doświadczenie architekta, artysty, coacha i terapeuty. Pomaga innym, nie tylko artystom, rozwijać kreatywność, pokonywać blokady, poszerzać strefę komfortu oraz poprzez sztukę i pracę z dziennikiem dotrzeć do podświadomości i głębokiego poznania siebie w celu dokonania transformacyjnych zmian uwalniających od przeszłości a także by kreować najlepszą wersję przyszłości.

# WARSZTAT NA ŻYWO
## "DRAW YOUR ANGEL"

The Albionn Caffee
15 Stone St, Dudley DY1 1NS

Prowadzący:

**Agnieszka Troć**      **Marta Skibicka**

Warsztaty dla dorosłych i młodzieży „Narysuj swojego Anioła"
są przeznaczone dla każdego, kto chce stworzyć obraz ze specjalną intencją.

W programie znajdują się również medytacja oraz wyznaczenie intencji przed
rysowaniem anioła, który ma wspierać intencję osoby rysującej.
Będziemy opierać się na technikach arteterapii i chromoterapii.

W programie jest także zapewniony lunch (gorący posiłek lub ciastko) oraz kawa
lub herbata.

Wszystkie niezbędne akcesoria będą dostępne na miejscu.

Warsztaty są przeznaczone dla osób na każdym poziomie zaawansowania,
nie jest wymagane wcześniejsze doświadczenie rysunkowe.

## Zapisz się

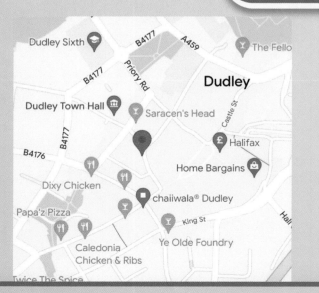

◉ **The Albionn ltd**
**15 Stone St, Dudley DY1 1NS**

📅 **11 czerwca 2023 - niedziela**

🕐 **11.00 - 14.00**

# Nie narzucaj się!

## Jak sprzedawać skutecznie?

Ewelina Skurzyńska

# Sprzedawca - zawód często niezrozumiany, kojarzony z nachalną, nieuczciwą taktyką i ukrytymi opłatami.

Przez długi czas takie było również moje postrzeganie sprzedaży. Na myśl o sprzedaży przychodziły mi do głowy obrazy akwizytorów oferujących noże lub encyklopedie, albo firm oferujących pożyczki z ukrytym oprocentowaniem.

Z czasem jednak mój pogląd zmienił się, gdy zdobyłam doświadczenie w sprzedaży bezpośredniej i dystrybucji. Zaczynając swoją przygodę ze sprzedażą, nie miałam pojęcia, jak bardzo odmieni ona moje życie i pogląd na ten zawód. Dziś uważam, że ludzie nie lubią, gdy im się sprzedaje, ale lubią kupować. Dlaczego więc niektórzy ludzie kochają sprzedaż, a inni z nią walczą? Moim zdaniem kluczowe są dwa czynniki.

Po pierwsze, jeśli nie wierzysz, że Twój produkt lub usługa jest warta ceny, której żądasz, będzie to widoczne w Twoim przekazie sprzedażowym. Po drugie, jeśli czujesz, że wciskasz komuś coś, czego nie potrzebuje lub nie chce, lub jeśli wiesz, że tego potrzebuje, ale nadal czujesz się nachalny, może to sprawić, że poczujesz się niekomfortowo i może wpłynąć na Twoją zdolność do skutecznej sprzedaży.

**Największym błędem popełnianym przez ludzi w sprzedaży jest myślenie, że muszą oni przekonywać ludzi do zakupu.**

W rzeczywistości sprzedaż nie polega po prostu na wymianie towarów lub usług na pieniądze; chodzi o rozwiązanie czyjegoś problemu. Twój produkt lub usługa powinny rozwiązywać problem, którego doświadczyłaś i na który znalazłaś rozwiązanie, co poprawiło jakość Twojego życia lub całkowicie wyeliminowało problem.

Przypomnij sobie uczucie, jakie miałeś, gdy po raz pierwszy znalazłeś rozwiązanie problemu, z którym się borykałeś, niezależnie od tego, czy był to problem zdrowotny, choroba skóry, czy książka, która pomogła Ci zmienić sposób myślenia. Kiedy mówisz innym o tym rozwiązaniu, rób to w sposób, który jest dla Ciebie naturalny i przyjemny, nie oczekując niczego w zamian. Pomoże Ci to zbudować zaufanie i ustanowić siebie jako autorytet w danym temacie, co w dłuższej perspektywie może prowadzić do współpracy.

## Ale jak właściwie sprzedawać?

Przede wszystkim zacznij od zbudowania relacji z potencjalnym klientem, wysłuchania jego potrzeb i zrozumienia jego problemów. Następnie można zaoferować swój produkt lub usługę jako rozwiązanie tych problemów.

Kolejnym ważnym czynnikiem w sprzedaży jest **zrozumienie procesu podejmowania decyzji przez klienta.** Czy szukają oni najtańszej opcji, czy też bardziej zależy im na jakości i wartości? Czy szukają szybkiego rozwiązania, czy też interesuje ich rozwiązanie długoterminowe? Rozumiejąc ich potrzeby i preferencje, możesz dostosować swój program sprzedaży tak, aby przemawiał do nich w bardziej efektywny sposób.

Podsumowując, sprzedaż nie polega na przekonywaniu ludzi do kupowania czegoś, czego nie potrzebują lub nie chcą. Chodzi przede wszystkim o nawiązanie relacji, a następnie oferowanie rozwiązania ich problemów. Jeśli wierzysz w swój produkt lub usługę i autentycznie dbasz o swoich potencjalnych klientów, możesz zbudować zaufanie i ustanowić siebie jako autorytet w danym temacie. Rozumiejąc potrzeby i preferencje klienta, możesz dostosować swój przekaz, tak aby przemawiał do klienta a on by chciał mieć z Tobą relacje oraz nawiązać współpracę.

Tak więc sprzedaż nie jest tak straszna, jak może się wydawać - chodzi o to, by pomagać ludziom w znalezieniu odpowiedniego dla nich rozwiązania i robić to w zgodzie ze sobą. Jeśli masz problem ze sprzedażą i chciałabyś o tym porozmawiać, zapraszam do kontaktu poprzez Facebooka lub Instagrama. Na konferencji Life Power 20 maja przybliżę stereotypy o sprzedaży i jednocześnie pokażę, jak poradzić sobie z uprzedzeniem do tej wspaniałej czynności.

**Ewelina Skurzyńska**

Facebook: https://www.facebook.com/evelina.maciejczyk
IG: @ev_elina2016
IG:ewelinaskurzynska

# Sukces, pieniądz i balans życiowy ...

## ... czy to możliwe?

Anna Bekas

Kiedy pojęcie work-life balance stało się modne, wiele osób nie do końca zrozumiało jego zamysł i zyskało ono negatywny wydźwięk. Jako trener mentalny uważam jednak, że indywidualne podejście do tego zagadnienia daje nam możliwość, aby wieść dobre, spełnione, bogate życie w zgodzie ze sobą. Jak to zrobić? Nie ma jednoznacznej definicji, ponieważ każdy z nas jest na innym etapie swojego życia, pełni inne role życiowe i ciężko określić jeden skuteczny sposób.

Z moich zawodowych obserwacji wynika, że aktualnie, aby osiągnąć w swoim życiu balans, przede wszystkim musimy zadbać o swoją życiową energię. Często wydaje się moim klientom, że jest ona nieskończona. Niestety, tak nie jest. Stany depresyjne, przemęczenie, wypalenie, rozdrażnienie, osłabiona koncentracja, zaniżona uważność to symptomy, które mówią nam, że zaniedbaliśmy nasze życiowe baterie i czas pochylić się nad nimi. Uważam, że zarządzanie energią życiową staje się coraz ważniejszą kompetencją w XXI wieku, ponieważ w dzisiejszych czasach mamy do czynienia z szybkim tempem życia, ciągłym przepływem informacji i stale zmieniającymi się warunkami pracy i życia. Z tego powodu umiejętność zarządzania swoją energią staje się kluczowa, aby radzić sobie ze stresem, wyzwaniami i ciągłym przyspieszeniem.

Uważam, że zarządzanie energią życiową staje się coraz ważniejszą kompetencją w XXI wieku, ponieważ w dzisiejszych czasach mamy do czynienia z szybkim tempem życia, ciągłym przepływem informacji i stale zmieniającymi się warunkami pracy i życia. Z tego powodu umiejętność zarządzania swoją energią staje się kluczowa, aby radzić sobie ze stresem, wyzwaniami i ciągłym przyspieszeniem.

Zarządzanie energią życiową polega na świadomym inwestowaniu swojej energii w odpowiednie obszary życia, takie jak praca, relacje interpersonalne, rozwój osobisty, czas wolny itp. Oznacza to, że musimy nauczyć się, jak wykorzystywać swoją energię w sposób efektywny, aby osiągać swoje cele, jednocześnie zachowując równowagę między pracą a życiem prywatnym.

> **Jednym z kluczowych elementów zarządzania energią życiową jest uważne słuchanie swojego ciała i umysłu, a także rozpoznawanie swoich potrzeb.**

Kiedy czujemy się zmęczeni i wyczerpani, musimy pozwolić sobie na czas odpoczynku i regeneracji, aby móc naładować swoje baterie i odzyskać pełnię energii. Regularne praktyki takie jak medytacja, joga czy też regularne ćwiczenia fizyczne, mogą pomóc nam utrzymać poziom energii na odpowiednim poziomie.

Zarządzanie energią życiową wymaga również umiejętności planowania czasu oraz umiejętności ustalania priorytetów. Musimy wiedzieć, co jest dla nas najważniejsze i skupić swoją energię i uwagę na tych rzeczach. Musimy również nauczyć się mówić „nie" i rezygnować z zadań, które nie są dla nas istotne. Kiedy nie do końca wiemy, na czym w danym momencie skupić swoją uwagę, warto wyszukać w internecie bądź w literaturze informacji dotyczących koła życia i przeprowadzić samodzielnie, bądź przy wsparciu osoby z zewnątrz, analizę tego, co aktualnie dzieje się w naszej codzienności.

Wszystkie te elementy stanowią kluczowe składniki zarządzania energią życiową, a ich efektywna praktyka może pomóc nam osiągnąć sukces w życiu i pracy. Istotnym elementem budowania równowagi w życiu jest zmiana przekonań dotyczących odpoczynku.

## Odpoczynek to nie lenistwo

To nasz obowiązek wobec siebie i swojego zdrowia psychicznego i fizycznego. Zbyt wiele pracy, zbyt mało snu i brak regeneracji mogą prowadzić do wyczerpania naszych baterii i prowadzenia nas na oparach. Regularne dbanie o poziom swojej energii jest kluczem do optymistycznego i uważnego podejścia do życia, bardziej otwartego na innych i bardziej cierpliwego wobec trudności, których nie da się w życiu uniknąć. Odpoczynek to nasz obowiązek, który powinien być wpisany w kalendarzu i stanowić jeden z elementów ukochanej przez wielu ludzi listy „to do".

.

Często podczas sesji indywidualnych pada pytanie, jak nauczyć się rozpoznawać, **co jest dla nas dobre, a co nie.** Zwykle nasuwa mi się jedna odpowiedź. Polubmy ciszę i samotność, pozwólmy sobie na czas refleksji i zastanowienie się nad swoimi priorytetami, a później, jak zachęca nas prof. Rafał Ohme w książce „SPA dla Umysłu", stwórzmy listę rzeczy, które sprawiają, że czujemy się dobrze i dzięki którym nasze siły witalne utrzymują się na stałym poziomie. Mowa tutaj o takich rzeczach, jak ulubiona muzyka, spacer w lesie, rozmowa z zaufaną osobą czy wyjazd na weekend itp.

Dajmy sobie czas na realizację tych rzeczy i pozwólmy sobie na regenerację, która pozwoli nam stanąć na nogi i przyjrzeć się naszemu życiu w bardziej optymistyczny sposób.

Kiedy nasze ciało i umysł są wypoczęte, warto zrobić sobie listę „DID IT", czyli mały rachunek sumienia i dostrzec to, co już osiągnęliśmy, co posiadamy. Najlepiej również to zapisać i wracać do tej listy, kiedy czujemy presję porównywania się do innych bądź presję uczestniczenia w wyścigu szczurów.

Kiedy skupiamy się tylko na osiąganiu sukcesu materialnego, łatwo możemy stracić z oczu to, co dla nas indywidualnie w danym momencie jest najważniejsze. Ustalanie priorytetów jest tutaj bardzo ważne, aby nie zgubić naszych prawdziwych celów i wartości życiowych.

## Definicja bogactwa i sukcesu

Może być różna dla każdego z nas. Dla jednych może to oznaczać posiadanie dużej ilości pieniędzy, a dla innych może to być stabilność finansowa, czas wolny na spędzenie z rodziną i przyjaciółmi lub rozwój w dziedzinie swojej pasji. Ważne jest, aby każdy z nas określił swoją własną definicję sukcesu i bogactwa, zamiast podążać za standardami społecznymi i konwenansami.

Warto zdać sobie sprawę, że zdrowie i dobre relacje z rodziną i przyjaciółmi są równie ważne jak posiadanie bogactwa czy osiąganie kolejnego sukcesu w pracy.

Dbanie o te aspekty to jedna z ważniejszych inwestycji z najwyższą stopą zwrotu, która pozwoli nam wznieść nasze życie na wyższy poziom i odczuć większą satysfakcję z życia. Dzięki temu być może na własnej skórze wiele z nas poczuje, że sukces, pieniądze i balans życiowy są możliwe, czego życzę wszystkim czytelniczkom i czytelnikom.

**Anna Bekas**

Anna Bekas, trenerka mentalna, przedsiębiorczyni i inwestorka, jest CEO marki BOSSkie.pl, inicjatywy wspierającej kobiety w budowaniu świadomego życia osobistego i finansowego. Najbliższe spotkanie – Konferencja BOSSkie.pl – odbędzie się 17 czerwca 2023 roku w Krakowie. Szczegóły o mnie oraz o konferencji znajdują się na stronach:
www.annabekas.com
www.bosskie.pl
tel.: UK 07517076488, PL 501266102.

Czyli konferencja dla Kobiet, które chcą od życia więcej.
BOSSkie.pl – Finanse – Inwestycje – Rozwój osobisty to już 5 edycja inicjatywy, która ma na celu wspierać kobiety w świadomym budowaniu swojego życia prywatnego i finansowego.
BOSSkie.pl to miejsce, gdzie nauczysz się budować swój osobisty i finansowy dobrobyt. Odkryjesz swoje bogactwo i swoją definicję sukcesu.

Naszym celem jest, aby spotkania BOSSkie.pl dawały możliwości, wartość dodaną, pokazywały różne perspektywy sukcesu. Aby dostarczały Wam kompetentne, rzetelne i aktualne informacje z zakresu zarządzania finansami, inwestowania, budowania biznesu , rozwoju osobistego, prowadzenia księgowości, prawa podatkowego, a także informacji z zakresu prawa rodzinnego i majątkowego tj. w sposób zgodnie z prawem zabezpieczyć swój majątek, swoje rodziny, dzieci itp.

# Uwolnienie potęgi podświadomości.

## Zastosowanie hipnoterapii.

Aleksandra Bartoszewicz-Rudzińska

**Hipnoterapia** jaka funkcjonuje dzisiaj przebyła długą drogę i chociaż jest prawie tak stara jak ludzkość, sporo czasu zajęło jej dojście do naukowo uznawanej i szanowanej metody terapeutycznej. Wraz z coraz większą ilością badań potwierdzających skuteczność hipnozy, coraz więcej specjalistów z różnych dziedzin zaczęło postrzegać ją jako potężne narzędzie rozwoju osobistego, zdrowia psychicznego i ogólnego samopoczucia.

Nazywam się Aleksandra Bartoszewicz-Rudzińska, lub po prostu Aleks i jako Hakerka Podświadomości, Certyfikowana Hipnoterapeutka, Terapeutka metodą Rapid Transformational Therapy®, Psycholog i Akredytowany Coach, zapraszam Cię na podróż, w której odkryjesz tajniki hipnozy. W tym i kolejnych artykułach, przedstawię Ci naukowe i potwierdzone zasotosowanie hipnoterapii w życiu codziennym oraz w leczeniu schorzeń naury fizycznej i psychicznej. Będę obalać mity na temat hipnozy, dzięki czemu zrozumiesz jak cudownym narzędziem jest hipnoza oraz zapragniesz na własnej skórze doświadczyć mocy hipnozy - piszę to na wstępie, żeby nie było, że nie ostrzegałam.

Zacznijmy więc od tego, czy w ogóle istnieje hipnoza i hipnoterapia. Przede wszystkim, stan hipnozy jest naturalnym stanem organizmu. Jest to stan głębokiego relaksu lub moment, kiedy odpuszczamy kontrolę i pozwalamy swoim myślom płynąć. Czy zdarzyło Ci się kiedykolwiek tak zamyślić jadąc samochodem, że nie wiesz, jak udało Ci się dotrzeć do celu? Lub podczas innej dobrze Ci znanej czynności, jak np. zmywanie naczyń czy czytanie książki, kiedy nagle łapiesz się na tym, że Twoje myśli odpłynęły i w międzyczasie przez Twoją głowę przewinął się tabun myśli - od tego, co jutro zrobisz na obiad, przez plany na najbliższe wakacje, aż po przetrawienie rozmowy z koleżanką w pracy z dnia poprzedniego. Nie jest to oczywiście opis naukowy stanu hipnozy, i nie sugerowałabym go cytować w żadnych pracach zaliczeniowych w szkołach czy na uczelni, ale wydaje mi się, że najlepiej obrazuje to „na chłopski rozum".

Niektórzy naukowcy twierdzą, że hipnoza jest stanem odmiennej świadomości. W trakcie sesji osoba w hipnozie, koncentrując swoją uwagę i poddając się sugestii, zmienia długość swoich fal mózgowych z fal beta - których używamy na co dzień w czasie skupienia i myślenia logicznego, kiedy jesteśmy czujni - poprzez fale alfa, kiedy się relaksujemy, aż do fal theta - stanu, kiedy wchodzimy w trans lub sen.

## Według Wikipedii:

> **Hipnoza (stgr. ὕπνος hýpnos, dosłownie „sen") – definiowana jest jako stan prawidłowo funkcjonującego umysłu, w którym uwaga danej osoby jest mocno zogniskowana na określonych bodźcach, świadomość bodźców pochodzących spoza obszaru zogniskowania uwagi jest znacznie ograniczona oraz podczas którego krytyczny osąd danej osoby zostaje częściowo zawieszony.**

**Nie wiem, jak dla Ciebie, ale według mnie mój opis z zamyśleniem, autem i naczyniami jest trochę ciekawszy.**

Jak więc hipnozę zaczęto wykorzystywać na polu terapii? Tutaj największym prekursorem tej techniki był nie kto inny jak sam Zygmunt Freud, który zaczął badać hipnozę i trans hipnotyczny na przełomie XIX i XX wieku. Jako ojciec psychoanalizy zbudował teorię według której to nasze nieuświadomione wspomnienia, myśli, emocje i potrzeby kierują naszym zachowaniem i tym, jakie działania podejmujemy na co dzień. Drugim bardzo ważnym badaczem był Milton H. Erickson. Uważał on, że hipnoza jest narzędziem, które pozwala się komunikować z podświadomością, w której znajdują się nasze zasoby do rozwoju. Dzięki opracowaniu różnych technik, takich jak metafora, pośrednia sugestia, storytelling, jest uznawany za ojca nowoczesnej hipnoterapii.

Hipnoterapia zdobywa coraz większe uznanie w ostatnich latach jako uzupełniające i alternatywne leczenie szerokiego zakresu schorzeń i problemów. Znani eksperci, tacy jak Paul McKenna, Marisa Peer, Joe Dispenza, Bruce H. Lipton, Mike Mandel, Caitlin Walker i Richard Bandler, przyczynili się do zrozumienia i praktyki hipnoterapii, udowadniając jej potencjał w pomaganiu ludziom pokonać różne wyzwania. Poniżej przedstawiam różnorodne zastosowania hipnoterapii, pokazując, jak wpływa ona na zdrowie psychiczne, fizyczne samopoczucie i rozwój osobisty.

## Zdrowie psychiczne

Hipnoterapia została uznana za cenną interwencję w leczeniu **nerwicy i stresu**. Paul McKenna, brytyjski hipnoterapeuta i autor, intensywnie pracował nad technikami łagodzenia ataków paniki poprzez prowadzoną samodzielnie hipnozę, pomagając ludziom kontrolować poziom stresu i poprawiać zdrowie psychiczne (McKenna, 2020). W dzisiejszym świecie stres i ciągłe napięcie stały się czymś bardzo powszechnym. Hipnoterapia okazała się skutecznym narzędziem w radzeniu sobie z tymi problemami, pomagając ludziom opracować techniki relaksacyjne i kształtując zdrowsze myślenie. Poprzez wprowadzenie klientów w stan głębokiego relaksu, hipnoterapeuci mogą zająć się podstawowymi przyczynami stresu i napięcia, dając im kontrolę nad własnym życiem.

Niektórzy naukowcy twierdzą, że hipnoza jest stanem odmiennej świadomości. W trakcie sesji osoba w hipnozie, koncentrując swoją uwagę i poddając się sugestii, zmienia długość swoich fal mózgowych z fal beta - których używamy na co dzień w czasie skupienia i myślenia logicznego, kiedy jesteśmy czujni - poprzez fale alfa, kiedy się relaksujemy, aż do fal theta - stanu, kiedy wchodzimy w trans lub sen.

Ponadto hipnoterapia wykazuje skuteczność w radzeniu sobie z **fobiami i lękami**. Pomaga klientom stawić czoła swoim lękom w bezpiecznym i kontrolowanym środowisku. Stopniowo odczulając klientów na źródło strachu, hipnoterapeuci mogą pomóc im zbudować pewność siebie i odzyskać wolność.

Marisa Peer, znana terapeutka i mówczyni, opracowała metodę Rapid Transformational Therapy (RTT), która łączy elementy hipnoterapii, psychoterapii i programowania neurolingwistycznego, aby pomóc klientom przezwyciężyć konkretne fobie (Peer, 2018).

**Depresja** to kolejne schorzenie psychiczne, w którym hipnoterapia jest bardzo skutecznym narzędziem. Joe Dispenza, chiropraktyk i autor, badał połączenie umysłu z ciałem oraz jego potencjał w łagodzeniu objawów depresji za pomocą medytacji i praktyk samohipnozy (Dispenza, 2017). Osobiście pracowałam z klientami, którzy już po jednej sesji Rapid Transformational Therapy czuli znaczną poprawę samopoczucia i znikające objawy depresji.

## Zdrowie fizyczne

Hipnoterapia jest również wykorzystywana w radzeniu sobie z problemami zdrowia fizycznego. Bruce H. Lipton, biolog i autor, badał rolę podświadomości w regulacji naszej fizjologii. Jego prace w dziedzinie epigenetyki wykazały, że nasze przekonania i postrzeganie mogą bezpośrednio wpływać na nasze zdrowie fizyczne (Lipton, 2005). Poprzez dostęp do podświadomości za pomocą hipnoterapii, osoby mogą potencjalnie zmieniać swoje przekonania i postrzeganie, co prowadzi do poprawy samopoczucia fizycznego.

Jednym z najbardziej rozpoznawalnych zastosowań hipnoterapii w zdrowiu fizycznym jest jej wykorzystanie w radzeniu **sobie z bólem**. Przewlekły ból może znacząco wpłynąć na jakość życia człowieka. Hipnoterapia oferuje podejście niefarmakologiczne do terapii bólu, a liczne badania kliniczne potwierdzają jej skuteczność w zmniejszaniu nasilenia bólu i poprawie ogólnego samopoczucia. Badania Bruce'a H. Liptona dotyczące wpływu myśli i przekonań na funkcjonowanie komórek rzucają światło na potencjał hipnoterapii w promowaniu zdrowia na poziomie fizjologicznym.

Mike Mandel, hipnoterapeuta i pedagog, opracował różne techniki pomagające klientom radzić sobie z ostrym i przewlekłym bólem za pomocą siły podświadomości (Mandel, 2014).

## Utrata wagi

To kolejny obszar, w którym hipnoterapia wykazuje obietnice. Caitlin Walker, hipnoterapeutka i trenerka NLP, opracowała strategie pomagające klientom zmieniać nawyki żywieniowe i stosunek do jedzenia, co ostatecznie prowadzi do zdrowszych wyborów i zrównoważonej utraty wagi (Walker, 2019). Walka z wagą często ma bardziej psychiczne niż fizyczne podłoże, a hipnoterapia okazała się cennym sojusznikiem w tej walce. Dzięki dostępowi do podświadomości hipnoterapeuci mogą pomóc klientom zrozumieć emocjonalne jedzenie, rozwijać zdrowsze preferencje żywieniowe i zwiększać motywację do ćwiczeń.

## Rozwój osobisty

Hipnoterapia może być również stosowana w rozwoju osobistym, poprawiając różne aspekty życia jednostki. Richard Bandler, współtwórca programowania neurolingwistycznego (NLP), włączył hipnozę do swojej praktyki, aby pomóc ludziom przełamywać ograniczające przekonania, budować pewność siebie i doskonalić umiejętności komunikacji (Bandler, 2008).

Ponadto, hipnoterapia może pomóc jednostkom w uwolnieniu się od negatywnych nawyków, takich jak palenie czy obgryzanie paznokci. Dobrze zaprojektowane badania kliniczne wykazały, że hipnoterapia może być skutecznym narzędziem w rzucaniu palenia, z porównywalnymi lub lepszymi wskaźnikami sukcesu niż inne metody interwencji (Barnes i in., 2010).

Wreszcie, hipnoterapia jest stosowana w celu optymalizacji wyników sportowych. Poprzez zajmowanie się barierami psychicznymi, zwiększanie motywacji i promowanie relaksacji, hipnoterapia może pomóc sportowcom osiągnąć pełen potencjał (Liggett, 2016). Siła umysłu jest kluczowa do osiągania szczytowych wyników zarówno w sporcie, jak i nauce. Hipnoterapia jest stosowana zarówno przez sportowców, jak i studentów, aby zwiększyć koncentrację, budować pewność siebie i pokonać lęk przed występami. Praca Joe Dispenzy z pro-fesjonalnymi sportowcami podkreśla zna-czenie połączenia umysłu z ciałem w osią-ganiu optymalnych wyników.

Hipnoterapia jest niesamowitym narzędziem do pracy z naszą podświadomością. Jeśli masz jakiekolwiek pytania dotyczące hipno-terapii i pracy z podświadomością, zapraszam do kontaktu mailowego:
aleks@coachingbyaleks.com
oraz na stronę
www.hakerkapodswiadomosci.pl

**Aleksandra Bartoszewicz-Rudzińska**

# Konferencja LifePower

**Milena Juszczak-Marciniak** • **Anna Bekas** • **Magdalena Pawłowska** • **Gosia Górna** • **Marzena Żuławnik**

**Weronika Pokusa-Piekutowska** • **Ewelina Skurzyńska** • **Agnieszka Troć** • **Iwona Kulwicka** • **Agnieszka Derleta** • **Agnieszka Konieczka** • **Karolina Potrac**

## Zmiana zaczyna się od Ciebie

### 20 maja 2023 w Birmingham    Zapisz się

Czy martwisz się o swoją przyszłość w bardzo dynamicznie zmieniającym się świecie?
A może boisz się o przyszłość swoich dzieci?
Albo potrzebujesz zmiany, ale nie wiesz od czego zacząć?

Jeśli choć raz odpowiedziałaś TAK, ta konferencja jest dla Ciebie.

Konferencja LIFE POWER - Zmiana zaczyna się od Ciebie to miejsce dla każdej kobiety, która
- ✔ pragnie świadomie kierować własnym życiem
- ✔ chce odzyskać kontrolę nad własnymi finansami oraz nauczyć się doskonale zarządzać budżetem i budować swoje oszczędności i kapitał na przyszłość.
- ✔ prowadzi własną firmę, lub myśli o zmianie pracy
- ✔ chce zacząć zarabiać online by mieć więcej czasu dla siebie i swoich najbliższych
- ✔ chce poznać i pokonać ograniczające ją przekonania
- ✔ chce się nauczyć budować zdrowe relacje z partnerem dziećmi i najbliższym otoczeniem
- ✔ pragnie wyzwolić w sobie nieodkryte dotąd pokłady kreatywności
- ✔ chce nauczyć się budować pewność siebie
- ✔ pragnie odkryć swój potencjał i nauczyć się w pełni z niego korzystać.
- ✔ chce dowiedzieć się jak wprowadzić zdrowy balans w swoim życiu.
- ✔ pragnie lepszego i stabilnego jutra dla siebie i swoich dzieci.
- ✔ chce poznać inne kobiety, które również pragną od życia czegoś więcej.

W czasie Konferencji LIFE POWER - Zmiana zaczyna się od Ciebie, nasze wspaniałe prelegentki i panelistki podzielą się z Tobą swoją wiedzą i doświadczeniem. Dostaniesz ogrom wiedzy i gotowe narzędzia by zacząć wprowadzać zmiany od zaraz.
Zaopiekujesz się każdą ze stref w kole Twojego życia bo będziemy poruszać się w obszarach
- kariera/biznes
- finanse
- rozwój osobisty i duchowy
- zdrowie
- relacje partnerskie i rodzinne

By zakończyć wszystko zasłużonym refleksem i networkingiem.

### Zapisz się

## Poznaj naszych partnerów:

# PANI
# SWOJEGO JA

Marzena Żuławnik

**Fantazjowanie, bańki mydlane, bujanie w obłokach, la-la-land... czyli droga na skróty.**

Oto dlaczego większość globu ma kiepskie życie, iluzoryczne postępy i w żaden sposób nie zbliża się do scenariusza swoich wewnętrznych wyobrażeń. A życie jest tu na ziemi, a nie w chmurach!

Oczywiście umysł będzie kusił, przekonywał i wspierał koncept, że wystarczy bierne siedzenie na „chmurce" i wyobrażanie sobie pragnień, żeby wszystkie urzeczywistniły się dla Ciebie. I jeśli czytałaś moje wcześniejsze artykuły „Ciemna Strona Umysłu", „Pani Swojego Umysłu", „Pani Swojej Rzeczywistości" - do których przeczytania serdecznie Cię zapraszam - to nie dziwi Cię to, o czym mowa, ponieważ faktem jest, że **umysłowi zależy na tym, żeby tylko przekonać Cię, by to, co zaplanowałaś sobie na dziś, odłożyć na jutro.** I jak złapiesz się dziś na tę kuszącą propozycję, to jutro też Cię do tego przekona. Taka rola umysłu – zadbać o Twoje przetrwanie i nie narażać się na „zbędne" aktywności.

## Dlatego też „Pani Swojego JA" potrzebuje mieć wytrenowany mięsień Powrotu do Siebie.

Z jednej strony, bardzo skuteczna jest rozmowa ze sobą, najlepiej na kartce. Wyjście poza konstrukty umysłu i przypomnienie sobie, co takiego zaplanowałaś, co jest dla Ciebie ważne i czego się obawiasz lub w co takiego wierzysz - o sobie i innych, co powstrzymuje Cię przed podjęciem kroków? Jest to piękna, przywracająca do siebie praktyka, dzięki której masz okazję poznać siebie, to, co się dzieje w Twojej głowie, jakie tam są nieuświadomione przekonania i jakie ponosisz w związku z nimi konsekwencje. Odkrycie tych cennych dla Ciebie informacji pozwala Ci na wykonanie działań, które Cię wspierają, a które ostatecznie mogą przekształcić Twój system wierzeń w nowy, świadomie wybrany przez Ciebie. Wówczas świadome dążenie do realizacji swoich pragnień nie tworzy już konfliktu z tym uświadomionym już przekonaniem, jak działo się to do tej pory. I tak, wraz ze zmianą systemu wierzeń, co również jest procesem i wymaga czasu, tworzy się nowa jakość Twojego życia na wyższym poziomie.

Bądź uważna na to, co dzieje się w Tobie i szlifuj umiejętności szybkiego reagowania – niezależnie od okoliczności, natychmiast wybieraj inne podejście i spojrzenie na daną sytuację, nie z nawyku, a ze świadomego wyboru.

**Najczęściej od Kobiet słyszę słowa frustracji z powodu poczucia niedostępności możliwości, które wydają się być na "wyciągnięcie ręki".**

I powracamy tutaj do konceptu „drogi na skróty", czyli np. uleganie kuszącym propozycjom duchowo-rozwojowych praktyk, takich jak medytacja czy namiętne wyobrażanie sobie zmaterializowanego pragnienia. To jest potrzebne i bardzo ważne, ale same te praktyki nie wystarczą, i nie możemy ignorować mocy fizycznych działań z naszej strony. Pytanie więc do Ciebie brzmi: czy masz tendencję do przesiadywania w swojej świadomości, że masz zasoby i możesz wszystko, ale nie wychodzisz po to?

**I ten opór z Twojej strony nie bierze się znikąd.**

To przenosi mnie do kolejnego wątku – **zakorzenionych w nas, już w dzieciństwie, przekonań, sposobie myślenia, zachowania i działania,** które w dorosłym życiu wciąż nieświadomie są wzmacniane i torują życiową ścieżkę doświadczeń. Warto uświadomić sobie, że każdy – bez wyjątku – wyniósł z dzieciństwa rany, które dziś powstrzymują wielu od spełnionego, smakowitego, dobrze prosperującego życia. I jeśli zauważasz, że niby wszystko jest dostępne, lecz z jakichś powodów Ty nie jesteś w stanie z tych dóbr korzystać, nie "przychodzą" do Ciebie, to należy powrócić do Siebie. Bo nie ma drogi na skróty. Prędzej czy później schemat z dzieciństwa będzie do Ciebie powracał, co będzie przejawiało się m.in. tym, że to co dla wielu jest dostępne, dla Ciebie wciąż będzie niedostępne, ponieważ steruje Tobą mechanizm.

Warto zatem rozpoznać destrukcyjne wzorce myślenia i zachowania, a następnie wyjść poza nie. Wyjść poza dynamikę np. umniejszania siebie, mentalności ofiary, obwiniania i wiele innych. To jest dojrzałe miejsce, które przynosi spokój wewnętrzny, szczęście, spełnienie. Tym samym uwalniamy energię do wyżej wibrującej i z tego miejsca doświadczamy słodyczy życia. Tutaj najlepsze w życiu znajduje nas samo, ponieważ nawigujemy z innej lokalizacji wibracyjnej.

## Twój obecny świat jest odbiciem tego, co masz w środku.

Zauważ, jak wyglądają Twoje obszary życia dzisiaj. Czy zauważasz korelacje między Twoim zachowaniem, nawykami, postrzeganiem i reagowaniem, a tymi, które były Ci znane w domu rodzinnym? Jakie podejście miała Twoja mama do spełniania swoich marzeń, jak zarabiała pieniądze, jak na nie reagowała, jaka była jej rola w domu, jakie podejście do życia, jakich słów używała, jak radziła sobie w kryzysie, jak wspominasz jej relację z Twoim tatą? W pewnym stopniu Ty sama jesteś nasiąknięta tymi wzorcami. To, co zbudowaliśmy na ich podstawie, determinuje nasze przekonania dotyczące tego, co jest dla nas możliwe. Po Twojej stronie jest to, by zauważyć to i zadecydować, czy chcesz przejąć te wzorce czy zrezygnować z nich, jeśli Ci nie służą. Aktualizacja Twojego wnętrza jest kluczowa.

## Czym jest transformacja?

To, co opisujesz, jest zgodne z wieloma teoriami psychologicznymi, takimi jak psychologia pozytywna, terapia poznawczo-behawioralna czy terapia emocjonalna. W rzeczywistości, odcięcie się od negatywnych emocji, a jednocześnie od wzniosłych, nie przyczynia się do naszego dobrostanu i szczęścia. Dlatego tak ważne jest, aby zwracać uwagę na swoje emocje i podejmować próby pracy z nimi, zamiast uciekać od nich. Praca z emocjami może prowadzić do uwolnienia blokad emocjonalnych, co pozwala na doświadczanie bardziej pozytywnych emocji i manifestowanie bardziej pożądanych doświadczeń w życiu. Jednakże, proces ten może być trudny i wymaga czasu, wysiłku i odwagi.

Powodzenia w odkrywaniu siebie. Polecam dać się zaopiekować w tym procesie zaufanej osobie, która w ten sposób pracuje. Zapraszam Cię do siegania po siebie w moim towarzystwie.

A jak już zajrzysz w swoją głębię, zadbaj o swoje dobre samopoczucie i niech będzie ono dla Ciebie priorytetem.

Co jest piękne, ta ścieżka prowadzi do Miłości Samej Siebie, stąd z łatwością możesz sięgnąć po pełnię swojego potencjału!

Jesteś Panią Swojego JA.

**Marzena Żuławnik**

www.poprawkorone.pl
FB: Marzena Żuławnik - Popraw koronę i idź po swoje

**Marzena Żuławnik -** terapeuta metafizyczny, autorka książek i programów zmieniających życie, promotorka świadomego myślenia, pasjonatka umysłu oraz dobrego życia. Pokazuje, jak żyć pełnią życia i radością, jak uzdrowić dziecięce rany, jak poczuć spokój, jak otworzyć się na smakowite i spełnione życie oraz że wszystko już teraz jest z Tobą i Twoim życiem w porządku. W swojej pracy korzysta z prostoty, która, według niej, jest najbardziej skuteczna, pracy z energią oraz technik transformacyjnych 5D. Dzieli się swoimi doświadczeniami i uczy tylko tego, czego sama doświadczyła i co wciąż integruje w sobie. Z łatwością zauważa, już po kilku zdaniach z rozmówcą, co potencjalnie może go powstrzymywać przed spełnionym życiem. Jest to jej talent, na którym opiera swoją pracę. Marzena odbiera człowieka jako istotę wielowymiarową. To, czym się zajmuje, to nie tylko jej praca, ale także jej styl życia. Jest twórczynią konferencji dla kobiet „Wings of Power & Love"

# Intuicja

## portal do osiągnięcia swojego potencjału

Katarzyna Kaziszyn

Czy zdarza Ci się, że pytasz innych co powinnaś robić w życiu, ponieważ nie do końca znasz swoje możliwości i mocne strony? Czy może odnalazłaś już swoją drogę, prowadzisz już swój własny biznes, lecz odczuwasz brak kreatywności?

Jeśli tak, to cieszę się, że czytasz ten artykuł, ponieważ dzisiaj szerzej powiem o tym, jak można rozwiązać powyższe problemy poprzez słuchanie swojej intuicji.

**Mamy w sobie ten cudowny nadświadomy instrument, jakim jest intuicja, która łączy nas z mocą Wszechświata.** Jeśli jesteś cały czas zajęta, nie dajesz sobie chwili wytchnienia, wszystko musi być zrobione perfekcyjnie, to niestety nie dajesz sobie szansy, aby ją usłyszeć i poczuć.

## Co możesz zrobić, aby usłyszeć intuicję?

- Spróbuj bycia tu i teraz.
- Skup swoje zmysły na małych rzeczach w momentach, gdy jesteś sama.
- W spokoju i zadumie wypij ulubioną herbatę lub kawę. Ważne jest, abyś była w stanie zatrzymać się na chwilę.
- Zrezygnuj z robienia kilku rzeczy naraz. Jeśli coś robisz, skup się tylko na jednej czynności.
- Możesz iść na spacer z wyłączonym telefonem i głęboko wdychać świeże powietrze. Poszukaj przestrzeni i enklawy dla siebie.
- Zrób sobie relaksacyjną kąpiel z olejkami i solą.

Medytacja to cudowna praktyka pozwalająca zatrzymać nawał myśli, które mogą Cię zalewać każdego dnia.

## Co może sprawiać, że nie słyszysz intuicji?

Wewnętrzny krytyk. Jeśli Twój wewnętrzny krytyk jest silny i podrzuca Ci negatywne sformułowania, spróbuj je wyłapać i zamienić na pozytywne stwierdzenia. Aby Ci pomóc zrozumieć, dlaczego tak się czasem dzieje, chciałabym, żebyś wiedziała, że wewnętrzny krytyk nie należy do Ciebie. To jest głos osób z Twojego dzieciństwa, które Cię wychowywały, najlepiej jak umiały, choć nie potrafiły inaczej. Nie krytykuj się, gdy popełnisz błąd. Powiedz sobie „Jest, jak jest, ale każdy ma prawo do błędów. Następnym razem zrobię inaczej".

Praca nad sobą pomaga zbalansować dialog wewnętrzny. Możesz odkryć, dlaczego nie ufasz swojej intuicji oraz dlaczego Twój wewnętrzny krytyk nie pozwala Ci ruszyć z miejsca. Możesz to zrobić na sesjach coachingowych, na których odkrywamy, jakie blokujące przekonania w Tobie tkwią. Polecam Ci również medytacje oraz techniki oddechowe.

Jeśli będziesz ćwiczyć wyciszanie wewnętrznego krytyka, poczujesz przypływ dużej kreatywności. Pomysły na biznes oraz zainspirowane działanie zaczną płynąć. Intuicja zawsze do nas przemawia, tylko nie zawsze jej słuchamy. Czasem te wizje są duże i warto zaufać sobie oraz zrobić ten pierwszy krok. Jeśli masz już swój biznes i chciałabyś wejść na wyższy poziom i rozbudować swoją firmę, polecam, abyś w trakcie medytacji, wysłała intencje z pytaniem o następny krok. Jestem pewna, że otrzymasz odpowiedź.

## Dlaczego ważne jest, aby słuchać siebie oraz swojej intuicji?

Przychodzimy na planetę Ziemia w jakimś celu. Każda z nas ma cudowne talenty oraz misję do odkrycia. To, co sprawia Ci ogromną przyjemność i Cię pasjonuje, to sposób, w jaki możesz wyrażać siebie i pomagać innym. Odkrywanie swojej misji i powodu, dla którego istniejemy, jest procesem. Nie frustruj się, gdy jeszcze tego nie wiesz.

Warto zrobić porządek z przeszłością, zacząć proces wybaczania innym oraz poznawania jakie uczucia z przeszłości są jeszcze nieprzerobione i niezrozumiane. Pomoże to w poznaniu siebie samej wielowarstwowo. Im bardziej poznajesz siebie (usuwając te warstwy, które już Ci nie służą), tym bardziej sobie ufasz i się kochasz.

Jeśli będziesz wytrwale słuchać swojej intuicji, wkrótce zobaczysz owoce w postaci dóbr naturalnych, wewnętrznego spokoju itp., ponieważ słuchanie siebie łączy nas ze źródłem (Wszechświatem) obfitości oraz miłości. Nie widzimy jak to, czego pragniemy, może do nas przyjść, ale zaufanie do siebie oraz Wszechświata sprawia, że mamy ciągłe wsparcie oraz nowe pomysły.

**Katarzyna Kaziszyn**

**Katarzyna Kaziszyn**
Jestem Abundance Coachem. Wspieram kobiety w odkrywaniu swoich talentów i tworzeniu życia w pełni swojej mocy . Odkrywamy jak podążać za intuicja i manifestować to czego chcą z pozycji swojego pełnego potencjału .

https://www.facebook.com/katarzyna.kaziszyn

https://www.facebook.com/groups/872952910219943/?ref=share_group_link

# 6 KLUCZOWYCH KROKÓW
## do budowania autentycznej marki osobistej

Milena Juszczak-Marciniak ● ● ●

**Budowanie autentycznej marki osobistej to proces, który wymaga czasu i wysiłku,** ale jest kluczowy dla osiągnięcia sukcesu w dzisiejszych czasach. Niezależnie od tego, czy jesteś przedsiębiorcą, pracownikiem, czy freelancerem, tworzenie autentycznej marki osobistej może pomóc Ci zwiększyć swoją widoczność, wyróżnić się spośród innych i przyciągnąć nowych klientów lub pracowników.

Poniżej przedstawiam sześć kluczowych kroków, które pomogą Ci zbudować autentyczną markę osobistą na rynku:

### Zdefiniuj swoje cele i wartości:

Przed rozpoczęciem budowania marki osobistej musisz wiedzieć, kim jesteś i co chcesz osiągnąć. Pierwszym krokiem w budowaniu autentycznej marki osobistej jest zdefiniowanie swoich celów i wartości. Musisz zrozumieć, co chcesz osiągnąć i co jest dla Ciebie ważne. Twoje cele i wartości będą stanowiły fundamenty Twojej marki osobistej. Określ co chcesz osiągnąć w swojej karierze lub biznesie, a następnie stwórz plan działania. To pozwoli Ci na skoncentrowanie swojego przekazu i pomoże w podejmowaniu strategicznych decyzji. Niech Twoja marka osobista odzwierciedla Twoją osobowość, pasje i wykształcenie.

### Zbadaj rynek:

Badanie rynku pozwala na zidentyfikowanie grupy docelowej, ich potrzeb i preferencji. To pomoże Tobie zrozumieć, czego klienci oczekują i jakie produkty lub usługi najlepiej spełnią ich wymagania. Dzięki temu będziesz mógł skupić swoje działania na odpowiednio dobranych czynnościach, a nie tracić czasu na pustych przebiegach, kręcąc się w kołowrotku bez efektu. Ponadto, zrozumienie strategii marketingowych konkurencji oraz ich unikalnych cech, które wyróżniają ich od innych marek osobistych, pozwoli Ci wyróżnić swoją markę na tle innych i opracować skuteczniejszą strategię marketingową.

WAŻNE, abyś badał rynek pod kątem inspiracji do działania, a nie kopiowania i porównywania.

## Znajdź swój wyróżnik:

Posiadanie wyróżnika marki pomaga zbudować rozpoznawalność Twojej marki osobistej i wyróżnić się na rynku. Dzięki temu Twoja marka będzie bardziej zapadająca w pamięć, a potencjalni klienci łatwiej będą ją kojarzyć i przypominać sobie o niej w przyszłości. Ponadto, wyróżnik marki pomaga skupić się na Twoich unikalnych mocnych stronach i przekazywać je w sposób spójny i konsekwentny. Pozwala to budować autentyczność i autorytet w oczach Twojej publiczności, a także zwiększać zaufanie do marki, co obecnie jest bezcennym atutem, wpływającym na pozycję i widoczność na rynku. Dlatego ważne jest, aby unikać pływania w czerwonym oceanie i narażania swojej marki na utonięcie, a zamiast tego stwarzać atmosferę wzrostu i rozwoju.

## Stwórz spójny wizerunek w mediach społecznościowych.

Media społecznościowe to doskonałe narzędzie do budowania marki osobistej. Aby zbudować spójny wizerunek, który odzwierciedla Twoją wartość i misję, wybierz platformy społecznościowe, na których chcesz być obecny, i skup się na tworzeniu wartościowych treści, które przyciągną uwagę Twojej grupy docelowej. Pamiętaj, że Twoje posty powinny być spójne w kwestii stylu, tonu i wizualizacji. Budowanie obecności w mediach społecznościowych pozwoli Ci szybciej i łatwiej dotrzeć do idealnych klientów.

## Nawiązuj partnerstwa.

Tworzenie wartościowej sieci kontaktów i rozpoczynanie współpracy partnerskiej jest kluczowe dla budowania autentycznej marki osobistej. Budowanie autentycznych relacji z innymi ludźmi w Twojej branży pozwala na zyskanie silniejszej ekspozycji i wzajemnego wsparcia w osiąganiu celów. Możesz uczestniczyć w różnych wydarzeniach branżowych, szkoleniach czy spotkaniach networkingowych. Pamiętaj, że budowanie wartościowych relacji z innymi ludźmi to proces długoterminowy, więc bądź cierpliwy i wybieraj rozsądnie.

## Pokaż się światu

Zaistniej na rynku jako ekspert. Aby stać się autorytetem w swojej branży, musisz budować swoją ekspertyzę. Znajdź swoją niszę i zacznij tworzyć wartościową treść, która przyciągnie uwagę Twojego audytorium. Nie bój się dzielić swojego doświadczenia i wiedzy, organizować szkoleń lub występować jako prelegent na konferencjach bądź śniadaniach biznesowych. Im bardziej będziesz aktywny i widoczny w swojej branży, tym łatwiej będzie Ci zbudować autentyczną markę osobistą. Dlatego rozejrzyj się wokół, zobacz, z kim warto nawiązać partner-stwa i na jakiej scenie wystąpić – do dzieła.

**Podsumowując** - w budowaniu autentycznej marki osobistej ważne jest, aby działać zgodnie z zasadami etyki i integrować wartości. Dlatego we wszystkim, co robisz, skup się na tym, co jest dla Ciebie ważne. Być może jest to pierwszy raz, kiedy widzisz, że wartości są kluczowe w budowaniu autentycznej marki osobistej, a to one pomagają określić to, kim jesteś, co reprezentujesz i jakie są Twoje cele. Tworzą one podstawę tożsamości i wpływają na sposób, w jaki postrzegają Cię inni ludzie.

Opracowanie i wyraźne określenie swoich wartości pomoże zdefiniować Twoją markę osobistą i stworzyć spójny i jednoznaczny wizerunek, który będzie wiarygodny i auten-tyczny. Właściwie zdefiniowane wartości poz-walają Tobie również podejmować decy-zje i działać, co przynosi sukces i zadowolenie w życiu zawodowym i prywatnym.

Ponadto, wartości są często kluczowe dla klientów i pracodawców, którzy chcą wiedzieć, jakie są Twoje motywacje. Ludzie często wybierają marki, których wartości są spójne z ich własnymi, więc Twój odbiorca dostrzeże to, co masz do przekazania światu, a Ty będziesz tworzyć w lekkości, czując spójność w tym, kim jesteś i co robisz dla siebie i dla innych.

Jeżeli zależy Ci na zbudowaniu autentycznej marki osobistej oraz pragniesz zaistnieć na rynku, to spotkajmy się – porozmawiajmy i sprawdźmy, czy możemy ze sobą pracować, aby realizować swoje cele dla Siebie i dla Świata - https://projektantkizycia.com/

**Milena Juszczak-Marciniak**

# WRESZCIE JA!

## III EDYCJA, LONDYN

### NIECH W KOŃCU UJRZY CIĘ ŚWIAT!

**24 CZERW '23**
9:00-18:00

## ZAPISZ SIĘ!

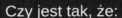

Czy jest tak, że:
- Grasz we własnym życiu rolę drugoplanową?
- Nie wiesz, jaki jest sens Twoich codziennych działań?
- Czujesz, że nie jesteś zauważana przez otoczenie?
- Twoja oferta i to, co chcesz dać światu, siedzi nadal w szufladzie?
- Patrzysz na inne kobiety, które są widoczne, stoją dumne na scenie własnego życia i myślisz: „też tak chcę"!

**Jeżeli TAK, to zobacz, jak możesz to ZMIENIĆ**
- Możesz i powinnaś grać rolę pierwszoplanową we własnym życiu, biznesie, działalności, rodzinie i relacjach.
- Zasługujesz na to, by widzieć sens w swoich działaniach i czerpać z nich obfitość i bogactwo!
- Nie tylko najbliższe otoczenie, ale cały świat ujrzy Cię i doceni!
- Twoje projekty i zamierzenia powinny wyjść nareszcie z szuflady i zabłyszczeć, przynosząc Ci satysfakcję i spełnienie a światu - rozwiązania, których potrzebuje. Jesteś gotowa i zasługujesz na to, by wyjść na scenę i stanąć w świetle reflektorów - bo to jest miejsce dla CIEBIE!

**Koniec narzekania - CZAS na zmiany!**

Daj sobie szansę! - Wystarczy TWOJA jedna DECYZJA, aby to już TERAZ osiągnąć:
https://projektantkizycia.pl/konferencja

Możliwość Biletu zakupu indywidualnego, dla Ciebie i Twojej Koleżanki a także VIP, który obejmuje Lunch z prelegentami. A jeżeli zbierzesz grupę 10 KOBIET - przygotujemy dla Ciebie specjalną ofertę cenową dla grupy.

# MENTALNA AKUPUNKTURA

## Terapia EFT

Justyna Sodel

Czy wiesz, że podczas występowania silnych emocji takich jak lęk, gniew, smutek, w naszym ciele tworzą się blokady energetyczne? To właśnie blokady energetyczne, które utworzyły się w przeszłości podczas przeżywania mniejszych lub większych traum, odpowiadają za nasze złe samopoczucie teraz.

**Nasze ciało zapamiętuje negatywne uczucia przeżywane podczas traum, a my same często tłumimy je w sobie. W rezultacie mamy do czynienia z blokadami, które siedzą w naszym ciele i dają nam fizyczne symptomy.**

EFT Tapping (Emotional Freedom Technique), zwana też mentalną akupunkturą, to metoda terapii, która bazuje na starożytnej chińskiej medycynie. Poprzez ostukiwanie punktów akupunkturowych na ciele, EFT usuwa blokady energetyczne z organizmu oraz uwalnia negatywne emocje, sprawiając, że czujemy się lepiej.

EFT jest stosowana w celu pomocy w radzeniu sobie z różnymi problemami emocjonalnymi i fizycznymi, takimi jak trauma, lęki, depresja i stres. EFT pomogło mi oraz moim klientkom w utracie wagi, przezwyciężeniu fobii, problemów finansowych, uzależnień oraz uwolnieniu się od problemów z dzieciństwa.

95% naszych dzisiejszych zmagań ma swoje korzenie w traumie z dzieciństwa i innych dramatycznych doświadczeniach z przeszłości. Trauma zbiera na nas żniwo i w znacznym stopniu ogranicza jakość naszego życia, jeśli nie zostanie uwolniona. Nie będziemy naprawdę spełnieni w dorosłym życiu, jeśli nie zajmiemy się rozwiązaniem problemów z przeszłością.

Wszystkie próby pozytywnego myślenia oraz afirmacje będą działały tylko na chwilę. Nie możemy jednak po prostu powiedzieć sobie „myśl pozytywnie", ponieważ 95% naszych codziennych nawyków, działań i zachowań jest zarządzanych przez naszą podświadomość.

Podczas terapii EFT docieramy do naszej podświadomości, do naszego oprogramowania i do naszych przekonań, zwykle zainstalowanych w nas we wczesnym dzieciństwie. Podczas sesji EFT dajemy sobie przyzwolenie na uwolnienie niechcianych lub niekomfortowych emocji, niezależnie od tego, jak niewygodne się nam to wydaje.

Często wymaga to odwagi, ale robimy to w delikatny i bezpieczny sposób. EFT jest metodą działającą na wielu płaszczyznach: fizycznym, emocjonalnym oraz energetycznym. Często terapia EFT jest skuteczna wtedy, kiedy wszystkie inne środki zawiodły.

Terapia Metodą EFT całkowicie odmieniła moje życie. Może teraz odmienić też Twoje? Jeżeli chcesz dokonać pozytywnych zmian w życiu i potrzebujesz specjalisty, który pomoże Ci to zrobić szybko i skutecznie, to podejmij pierwszy krok właśnie dzisiaj i umów się na darmową konsultację – napisz do mnie - info@justynasodel.com

### Justyna Sodel

Jestem certifikowaną terapeutką EFT - Emotional Freedom Technique / Technika Wolnośći Emocjonalnej. Od 2015 roku prowadzę też agencję rekrutacyjnej NN1 Personnel. Mieszkam z mężem oraz trójką dzieci w Northampton.

Poprzez terapię metodą EFT, pomagam kobietom w rozwiązywaniu problemów związanych ze stresem, fobiami, depresją i niską samooceną, aby przezwyciężyły swoje blokady i lęki, które powstrzymują ich przed realizacją marzeń.

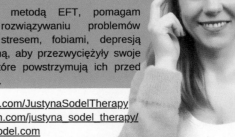

www.facebook.com/JustynaSodelTherapy
www.instagram.com/justyna_sodel_therapy/
info@justynasodel.com
www.youtube.com/@JustynaSodelTherapy/

# SZTUKA DOTYKU

# SZTUKA MASAŻU

Katarzyna Biegala

# TO SZTUKA PRACY Z CIAŁEM Z SZACUNKIEM DLA INNEJ OSOBY.

Masaż jest to praca na poziomie wielowarstwowym. Dotyk łączy z tym, co jest ukryte w ciele, emocjach i duszy. BODY, MIND & SOUL.

**Ciało** - poziom fizyczny; stymuluje ciało do samouzdrawiania. Poprzez rozluźnienie mięśni poprawia się przepływ energii przez ciało. Poprzez pocieranie zwiększa się przepływ krwi, co odpowiada z kolei za lepsze dostarczanie substancji odżywczych, a więc zwiększenie przemiany materii i usuwanie toksyn z organizmu.

**Emocje** - poziom emocjonalny; dotyk uwalnia emocje, które są w nas nagromadzone nieraz od długiego czasu (złość, gniew, żal). Nasza podświadomość ma te wszystkie negatywne informacje w sobie, a one odpowiadają określonym miejscom w ciele (Biologia Totalna). Właśnie w tych obszarach pojawiają się napięcia, i w ten sposób zatrzymuje się przepływ energii. Nasze ciało jest najbardziej uczciwym, szczerym sposobem na dotarcie do uwięzionych emocji czy traumatycznych wydarzeń. Nie ważne, jak bardzo będziesz starał się ignorować ból, emocje - ciało pamięta i zna prawdę. Poprzez ciało otwieramy się na emocje, na kontakt z wyższym JA.

Bez dotyku nie zdołalibyśmy poprawnie funkcjonować. Noworodki powinny być głaskane od pierwszych dni życia, żeby ich mózg się prawidłowo rozwijał. Również osoby dorosłe potrzebują dotyku. Dotyk czy przytulanie jest niezbędne do życia. Podczas przytulania w naszym organizmie wydzielana jest oksytocyna, która odpowiada m.in. za tworzenie więzi emocjonalnych i zmniejsza poziom stresu.

## PRZYKŁADY ZASTOSOWANIA DOTYKU.

### Dla dzieci i rodziców:

- Pomaga mamie zrelaksować się w trakcie rodzenia i po porodzie.
- Pomaga mamie i tacie w nawiązaniu więzi z niemowlakiem/dzieckiem.
- Działa rozluźniająco przy kolkach dziecięcych.
- Pomaga dzieciom z nadaktywnością, np. w trudnościach z zasypianiem czy skupieniem się przy lekcjach.
- Wspomaga młodzież w okresie dojrzewania – działa uspokajająco i relaksująco.

## Dla dorosłych:

- Rozpuszcza uwięzione w ciele emocje i hiper napięcia mięśniowe.
- Działa uspakajająco dla osób z nerwicą i objawami chorób psychosomatycznych.
- Wspomaga proces leczenia chorób autoimmunologicznych, takich jak Hashimoto i Celiakia.
- Wspomaga psychoterapię i rozwój osobisty.
- Zachęca do pracy z ciałem dla osób, które medytują i szukają spokoju.
- Poprawia samopoczucie po wypadku lub chorobie.

Dotyk wspomaga zdrowie i rozwój człowieka, wpływając relaksująco na układ nerwowy. To swoista gimnastyka dla ciała i umysłu. Rozpuszcza uwięzione w cie-le emocje i napięcia mięśniowe.

## Dobry dotyk, czyli dlaczego potrzebujemy kontaktu fizycznego?

W życiu każdego z nas był taki czas, kiedy dotyk odgrywał kluczową rolę. Jako dzieci byliśmy przytulani, kołysani i pieści przez naszych bliskich. Za pomocą dotyku okazywano nam miłość i uspokajano, kiedy się bałyśmy lub nie mogłyśmy zasnąć. Dotyk matki odganiał smutki, a nawet uśmierzał ból. Kiedy bawiliśmy się z innymi dziećmi, także byliśmy z nimi w ciągłym kontakcie. Dotyk oznaczał bliskość, miłość, bezpieczeństwo i zaufanie.

„Dotyk to podstawowy sposób, w jaki szukamy bezpieczeństwa i komfortu" - pisze Brené Brown. Kiedy jesteśmy pozbawieni dotyku, mózg przechodzi w tryb zagrożenia. Wynikający z tego stres może zwiększyć tętno i napięcie mięśni, prowadzić do gonitwy myśli, trudności w zasypianiu i koncentracji.

## Samoprzytulanie

Dlaczego sami nie dostarczamy sobie takich wrażeń, dotykając siebie? Dzieje się tak dzięki procesowi zwanemu „przewidywaniem sensomotorycznym". Twój mózg nie może się zrelaksować i cieszyć dotykiem, ponieważ jest zajęty przewidywaniem, co będziesz robić dalej. Im bardziej przewidywalny jest twój dotyk, tym mniej przyjemny, ale to nie znaczy, że samodotyk jest bez sensu.

Czego najrzadziej doświadczają samotni ludzie? Dotyku. Dotyk jest tak bardzo istotny dla naszego zdrowia psychicznego i fizycznego. Jeśli przestaniemy używać tego wrodzonego systemu dostarczania nam przyjemności, mózg poszukujący nagrody po prostu skłoni nas do poszukania innego sposobu. I nie da się ukryć, że najłatwiej dostępny jest alkohol, a także inne używki i nałogi.

Dotyk zapewnia wsparcie w obliczu krytyki, sprawia, że nie czujemy się wykluczeni, redukuje stres i naturalnie wzmacnia więzi społeczne. To krzepiąca myśl: lepsze relacje społeczne są więc – i to dosłownie – na wyciągnięcie ręki.

## Zły dotyk to każdy dotyk niechciany.

**Zły dotyk** jest wtedy, kiedy sobie tego nie życzysz. Warto powtarzać to dzieciom, w ten sposób uczą się wyznaczania granic. Jeśli dziecko nie ma ochoty na uściski i całusy, może powiedzieć „nie", i jest to jak najbardziej w porządku. Młoda osoba, wchodząc w dorosłe życie i zaczynając życie seksualne, będzie wiedziała, że jeżeli coś wywołuje dyskomfort, może postawić granicę. Będzie umiała powiedzieć: „Wiesz, nie mam na to ochoty".

Niestety, dzieci, które są wychowywane tak, że ktoś zawsze ma możliwość przekroczyć ich granice, mogą być wykorzystywane. I nie chodzi tylko o molestowanie czy gwałt. Ich granice mogą być przekraczane w wielu obszarach życia, a ciągłe przekraczanie granic może po prostu prowadzić do frustracji. Taka osoba nie będzie naprawdę wiedziała, co jest jej dobre, co sprawia jej przyjemność, co będzie miłe, a co niemiłe, co będzie przyjemne, a co nie. Jeżeli nie uczymy dziecka wyznaczania swoich granic, to ono nigdy nie zrozumie, z czym jest mu dobrze.

**Pamiętajmy, dotykajmy się z szacunkiem. Dobry dotyk jest nam potrzebny, dobry dotyk nas tworzy. Moc, energia płynąca przez ręce jest znana od wieków.**

## Masaż - holistyczna terapia

Przychodząc na masaż, musisz wiedzieć, czego chcesz. Jeśli powiesz terapeucie, że chcesz po prostu odpocząć i zrelaksować się, to otrzymasz zupełnie inny masaż niż w sytuacji, kiedy wiesz, że chcesz uwolnić skumulowane w mięśniach napięcie, powstałe od wielogodzinnego siedzenia w biurze.

Im więcej będziesz komunikować z terapeutą, tym lepszy będzie Twój masaż. Istnieje koncepcja w terapii masażem zwaną „świadoma zgoda". Świadoma zgoda oznacza, że klienci, pacjenci i osoby masowane posiadają wystarczającą ilość informacji, aby podjąć decyzję, czy chcą kontynuować sesję, czy też nie. Decyzję taką można podjąć w każdym momencie trwania zabiegu.

Każdy rodzaj masażu można dostosować do potrzeb pacjenta. Można zmienić sposób nacisku, jego głębokość, prędkość lub temperaturę zabiegu, a wszystko to bez konieczności zmiany procedury leczniczej.

## Jaka jest etykieta w gabinecie masażu?

Jeśli nie jesteś przyzwyczajony do masażu, pomysł zdejmowania ubrań i poddania się nieznajomej osobie seriom technik oraz metod uciskania może brzmieć trochę niekomfortowo. A jako że czas ten ma w założeniu być momentem na oddech i relaks, opieranie się na poniższych wskazówkach dotyczących etykiety pomoże Ci sprawić, by to doświadczenie było jak najlepsze.

- **Ubierz się komfortowo.** Nie masz ochoty zdejmować bielizny? Więc nie rób tego! Idź w tym, co sprawia, że czujesz się komfortowo.

- **Upewnij się, że wziąłeś prysznic tego dnia.** Nikt nie lubi dotykać kogoś, kto jest spocony lub brudny, nawet jeśli to jest jego praca. Twój masażysta będzie Ci wdzięczny.

- **Porozmawiaj ze swoim masażystą.** Mianowicie, poinformuj go jeśli masz jakiekolwiek kontuzje lub zastrzeżenia, o których powinien wiedzieć przed rozpoczęciem zabiegu.

- **Nie zagaduj swojego masażysty.** Tylko jeśli nie chcesz – nie musisz przecież wypełniać czasu rozmową, jeśli nie masz zwyczaju.

## Jakie rodzaje masaży mam do wyboru?

Czeka na Ciebie niezliczona ilość różnego rodzaju masaży. Można spotkać się zarówno z masażem szwedzkim, opierającym się na długich, posuwistych ruchach, a także takim, w którym główną rolę odgrywają gorące kamienie lub olejki aromatyczne.

Jak widzisz, masz wiele możliwości do wyboru. Podczas gdy w większości przypadków masaże mogą być dobrane lub zmodyfikowane do Twoich potrzeb i dolegliwości, zanim zarezerwujesz sobie termin, pewnie chcesz się dowiedzieć trochę więcej o głównych rodzajach masażu.

**Katarzyna Biegala**

**Katarzyna Biegala.** Spełniłam swoje marzenia z dzieciństwa, zostałam żoną i mamą trojga dzieci. Jestem dumna i wdzięczna mężowi, że ten szczególny czas, okres dzieciństwa naszych pociech, mogłam spędzić z nimi w domu. W Polsce skończyłam fizjoterapię na Akademii Wychowania Fizycznego w Katowicach. Pracowałam w zawodzie do momentu wyjazdu za granicę, najpierw do Hiszpanii, a potem do Anglii.

Od 2016 roku prowadzę własną firmę FB Impulsiva w Sheffield, która promuje zdrowy styl życia z hasłem przewodnim „Jeśli nie dbasz o ciało, emocje i duszę – gdzie/jak masz zamiar żyć?", z głównym naciskiem na masaż i elementy fizjoterapii.

Zgadzam się z powiedzeniem, że nikt nam nie obiecał, że życie będzie łatwe, miłe i przyjemne. Codziennie przeżywamy wzloty i upadki, radości i smutki, sukcesy i porażki. Dlatego umiejętne radzenie sobie z emocjami i zrozumienie siebie powinno być naszym priorytetem. Uważam, że powinniśmy podążać za marzeniami, wolnością, kierować się intuicją, wzmacniać pewność siebie. Być na tyle silnym i odważnym, aby odcinać się od tego, co sprawia nam ból fizyczny i emocjonalny. Słońce zawsze świeci ;) musimy tylko rozproszyć chmury – cokolwiek to znaczy.

# Miejsce na Twoją reklamę

# Sztuka przyjmowania KOMPLEMENTÓW w rodzicielstwie

Karolina Potrac

Wyobraź sobie sytuację: Idziesz ze swoim dzieckiem na spacer. W parku spotykasz dawno niewidzianą koleżankę. Rozmawiacie. Po dłuższej chwili znajoma zaczyna wyrażać swój podziw dla Twojego dziecka, które spokojnie czeka, aż skończysz rozmowę. Koleżanka mówi: „Ale masz cierpliwą córkę, potrafi tak długo czekać, naprawdę super". Co czujesz, gdy te słyszysz? Jak odpowiadasz na te miłe słowa?

Komplementy są integralną częścią interakcji międzyludzkich i mogą pozytywnie wpływać na nasze samopoczucie, zwiększając poczucie własnej wartości i zmniejszając poziom stresu. Wzmacniają także więzi społeczne i poprawiają relacje. Jednak niektórzy ludzie mają trudności z prawdziwym przyjmowaniem komplementów.

## DLACZEGO MAMY TRUDNOŚCI W PRZYJĘCIU POCHWAŁ?

**1**

**Przejście w zakłopotanie lub niepewność** — niektórzy ludzie nie wiedzą, jak zareagować na komplementy i czują się zdezorientowani. Mogą poczuć się nieswojo, niezręcznie lub niepewnie w obliczu chwalących słów.

**2**

**Skłonność do samokrytyki** — niektórzy ludzie są zbyt krytyczni wobec siebie i nie wierzą, że zasługują na pochwałę. Mogą skłaniać się do myślenia, że nie zrobili wystarczająco dobrego lub że są zbyt skromni, aby akceptować pochwały.

**3**

**Niepewność w ocenie innych** — niektórzy ludzie po prostu nie wierzą, że pochwały są szczere i uważają, że osoba, która je formułuje, chce ich oszukać lub manipulować nimi.

**4**

**Brak pewności siebie** — niektórzy ludzie po prostu nie są pewni siebie i czują się zniechęceni, gdy są w centrum uwagi. Mogą skłaniać się do myślenia, że pochwała jest niesłuszna lub przesadzona.

**5**

**Kultura i wychowanie** — w niektórych kulturach chwalenie jest uważane za niegrzeczne lub zbyt ostentacyjne. Często może się też okazać, że w naszej rodzinie czy w naszym otoczeniu kulturowym nie przywykło się do pochwał i często bywały one minimalizowane lub bagatelizowane. W takim przypadku trudność w przyjmowaniu komplementów może wynikać z braku doświadczenia w tym zakresie.

## CZY WARTO PRAWIĆ INNYM KOMPLEMENTY?

Oczywiście, że tak, ale tylko wtedy, kiedy są one prawdziwe, szczere i z dobrą intencją. Dobry komplement powinien wypływać z serca i nieść dobrą energię dla osoby, której chcemy coś miłego powiedzieć. Nie byłabym sobą, gdybym nie odniosła się do tego tematu w kontekście rodzicielstwa. Otóż, umiejętność mówienia miłych słów drugiej osobie uczy nasze dzieci, jak to robić i dlaczego jest to takie ważne. Pokazujemy w ten sposób, że warto doceniać nawet drobne rzeczy, osiągnięcia, starania innych — i o nich mówić na głos. Wyrażając pochwałę komuś, uczymy się także nawzajem w relacji — dajemy się poznać, pokazujemy co lubimy, co nas interesuje, co nam się podoba, a co sprawia radość.

Oprócz samej sztuki mówienia komuś komplementu, równie ważna jest odpowiednia reakcja na niego osoby pochwalonej. Dzieci są naszą kopią, takie jakie słowa słyszą w naszych rozmowach, to takich samych używają w swoim języku. To, jak my reagujemy na pochwały - wysoce prawdopodobne jest, że tak samo będą reagować nasze dzieci na zadane im pochwały. Warto więc poćwiczyć tę umiejętność, by dawać przykład osoby, która ma wysoką samoświadomości i poczcie własnej wartości.

## JAK REAGOWAĆ NA OTRZYMANE POCHWAŁY?

**Pierwszym krokiem** w przyjmowaniu komplementów jest uważne słuchanie tego, co mówi druga osoba. Dajmy sobie czas, by usłyszeć te słowa, wyczuć ich energię oraz intencję.

**Drugim krokiem** jest nieodrzucanie tych słów ani niebagatelizowanie swoich osiągnięć. Nie ma potrzeby zaprzeczać lub minimalizować pochwałę. Jeśli ktoś mówi, że masz cierpliwe dziecko, nie odpowiadaj „oj musiałabyś zobaczyć ją w akcji w domu, wcale nie jest taka cierpliwa, na jaką wygląda".

**Trzecim krokiem** jest po prostu podziękowanie i kropka. Wystarczy powiedzieć „dziękuję, to miłe z Twojej strony". Warto się tutaj zatrzymać, szczególnie wtedy, gdy odruchowo chcemy zanegować otrzymany komplement. Samo podziękowanie naprawdę wystarczy.

Jeśli czujemy się na siłach kontynuować temat, możemy dopytać o szczegóły komplementu — dlaczego tak dana osoba twierdzi, co konkretnie się jej spodobało lub o jej odczuciach. Możemy też rozbudować nasze podziękowanie i przyznać, że też jesteśmy dumne z naszego osiągnięcia czy też opowiedzieć jak nam się to udało osiągnąć.

Odnosząc się do przykładu o cierpliwym dziecku, możemy powiedzieć: „Dziękuję bardzo za miłe słowa na temat mojego dziecka. Cieszę się, że moje wysiłki wychowawcze przynoszą pozytywne efekty. Jestem dumnym rodzicem i pełnym podziwu dla niej — jest naprawdę kochanym dzieckiem".

Zabrać tę pochwałę ze sobą — pomyśleć o niej, docenić siebie, podziękować sobie za nią, być dla sobie mniej surową, zobaczyć jak daleko się już doszło i co już osiągnęliśmy. Warto też spisać sobie te miłe słowa na kartce papieru i praktykować codzienne czytanie ich na głos, by w końcu uwierzyć w te słowa — uwierzyć w siebie.

Pamiętaj, że przyjmowanie komplementów i reagowanie na nie to sztuka, której można się nauczyć i doskonalić w praktyce. Przestrzegając kilku prostych wskazówek, takich jak uważne słuchanie, okazywanie wdzięczności i zachowywanie pokory, możemy z wdziękiem przyjmować komplementy i wykorzystywać je do budowania pozytywnych relacji z innymi. Ostatecznie, przyjmowanie komplementów to nie tylko uznanie naszych osiągnięć, ale także uznanie życzliwości i hojności innych.

Przystańmy na chwilę i przyjrzyjmy się naszym rozmowom z partnerem/partnerką, przyjaciółką, sąsiadką czy dziećmi. Czy jest tam może więcej narzekań, krytyki, osądzania, a mniej dobrych, miłych słów uznania z naszej strony? Jeśli tak, to postarajmy się, aby z naszych ust płynęło więcej uznania dla innych, dobroci i akceptacji... Zobaczysz wtedy, że zadzieje się magia w Twoim życiu.

**Karolina Potrac**

FB: <u>Karolina Potrac - Świadome Wychowani</u>e

<u>BLOG: https://www.karolinapotrac.com</u>

IG: <u>@karolina_potrac</u>

**KAROLINA POTRAC -** Jestem pedagożką, pasjonatką psychologii, wielbicielką Rodzicielstwa Bliskości, a przede wszystkim mamą Klaudynki i Kacperka oraz żoną Krzyśka. Mieszkamy od 10 lat we Wielkiej Brytanii. Prowadzę bloga, zachęcając do bardziej świadomego wychowywania swoich dzieci. Czytam książki i robię z nich #notatkiwychowawcze, w których przedstawiam najważniejsze informacje związane z rozwojem, emocjami czy trudnościami w rodzicielstwie. Wierzę, że słowa, które mówimy do naszych dzieci mają MOC. Dlatego promuję komunikację opartą na koncepcji Porozumienia bez Przemocy. Codziennie uczę się tego nowego języka tak, by w przyszłości, język ten, był językiem ojczystym mojego dziecka i żeby przychodził mu z naturalną łatwością. Kocham podróże - te małe i te duże. W wolnym czasie biegam, eksperymentuje z wegetarianizmem i staram się żyć świadomie.

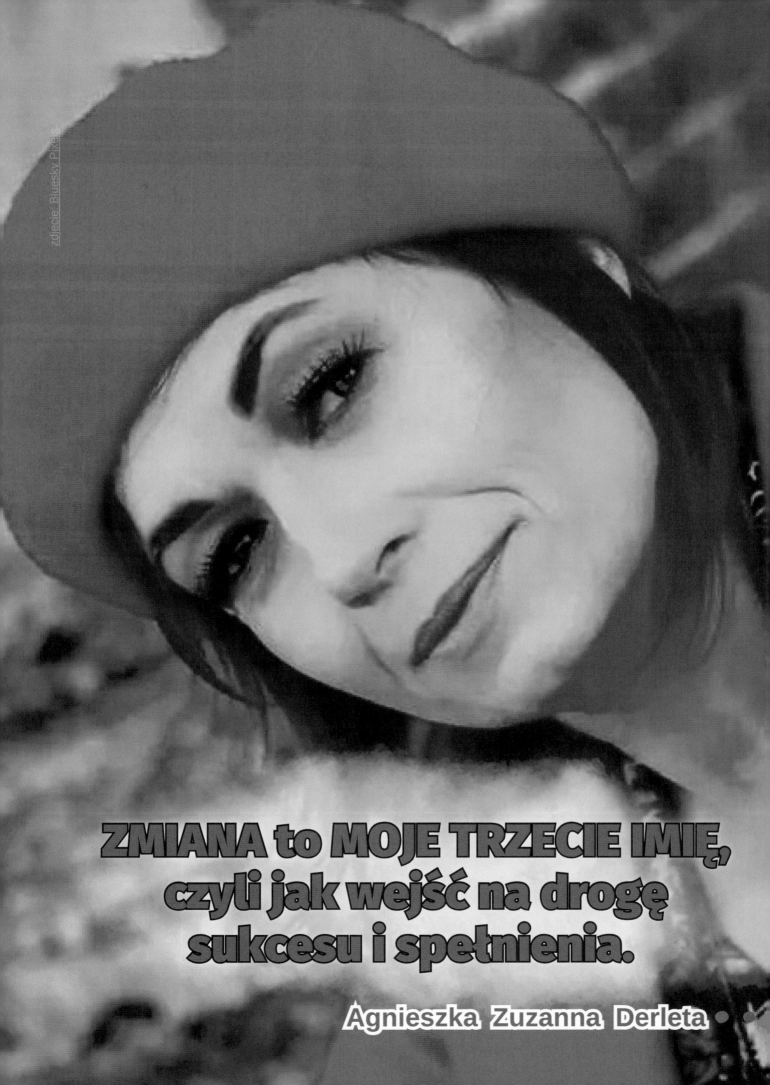

**ZMIANA to MOJE TRZECIE IMIĘ,
czyli jak wejść na drogę
sukcesu i spełnienia.**

**Agnieszka Zuzanna Derleta** •

## Czym dla mnie jest SUKCES, jak go definiuję?

Jednym z moich życiowych zajęć i pasji jest lingwistyka, z którą jestem związana nie tylko zawodowo jako nauczyciel i wykładowca języka polskiego, ale również inspiratorka codziennego, uważnego wyrażaniania swoich myśli. Kiedyś myślałam, że wystarczy odpowiednio mówić i pisać, żeby dostać dobrą ocenę lub w moim przypadku ją postawić, zgodnie z kryteriami wymagań. Dzisiaj wiem, że jest inaczej. Tak naprawdę to co powstaje w naszych myślach a potem jest ubrane w słowa tworzy naszą rzeczywistość, nasz indywidualny świat. Dlatego tak ważna jest precyzyjność i jasność naszych myśli i sposób ich wyrażania. Patrząc na swoje życie z perspektywy lat mogę śmiało powiedzieć, że jestem człowiekiem sukcesu. Korzystając z własnych doświadczeń i obserwacji świata zewnętrznego, potrafię nie tylko powiedzieć kim jestem, ale również namalować słowami swój piękny świat i wewnętrzny i zewnętrzny. Stworzyłam nawet swoisty akronim słowa SUKCES, który wygląda następująco:

**S – samoświadomość,**

**U – unikatowość,**

**K – kierunek,**

**C – czas,**

**E – edukacja,**

**S – satysfakcja.**

Właśnie te elementy są głównymi czynnikami wsztystkich moich sukcesów. **SAMOŚWIADOMOŚĆ** to idea lub obraz samego siebie jaki mamy o sobie. Jest ona formułowana i uwarunkowana przez wiele ról, które odgrywamy, nasze cele i pragnienia, naszą osobowość, ideologię i filozofię życiową. Poznanie siebie pomaga nam zdecydować, co i jak powinniśmy myśleć i co robić w danej sytuacji. Świadomość naszej tożsamości i tożsamości innych ułatwia nam budownie relacji z samym sobą i otoczeniem. Daje nam ona poczucie niezależności, tego, że wiemy kim jesteśmy i jak kierujemy swoim życiem bez względu na zmiany jakie w nim napotykamy. **UNIKATOWOŚĆ** to po prostu wyjątkowość, coś co jest jedyne w swoim rodzaju, niepowtarzalne. I tak jest z nami. Każdy z nas jest wyjątkowy i niepowtarzalny, co sprawia, że to co robimy i kim jesteśmy jest indywidualne i odróżnia nas od innych. To słowo nadaje słowu sukces wyjątkowych cech i pokazuje, że dla każdego człowieka może mieć ono inne znaczenie i tym samym inną definicję. Aby odnieść sukces trzeba wiedzieć w jakim kierunku się zmierza, tak jak statek, kiedy wypływa na szerokie wody. Dzięki raz obranemu **KIERUNKOWI** możemy skoncentrować się na działaniu, spokojnie dotrzeć do celu a potem świętować sukces. Wszystko to potrzebuje odpowiedniego **CZASU** i przygotowania, ponieważ nasze aspiracje w dużej mierze zależą od naszych ambicji i celów jakie sobie stawiamy. **EDUKACJA** to proces, który jest integralnym elementem naszego życia. Wraz z pierwszym oddechem zaczynamy doświadczać tego co jest w nas i naszym środowisku i trwa to do końca naszego pobytu na tej planecie. Edukujemy się czy tego chcemy czy nie. Ostatnim elementem akronimu jest **SATYSFAKCJA**.

**To ją odczuwamy doświadczając sukcesu, to stan równowagi i absolutnej harmonii, to moment, który nie tylko daje nam przyjemność i zadowolenie, ale także pokazuje naszą moc.**

Dzisiaj z pełną odpowiedzialnością mogę powiedzieć, że jestem szczęśliwa i odniosłam wiele sukcesów w moim życiu. Budząc się każdego dnia jestem wdzięczna za to kim jestem i co mam, co osiągnęłam i co jeszcze osiągnę, za to, że każdy dzień mojego życia był, jest i będzie wyjątkowy. Największym sukcesem jest dla mnie to, że zrozumiałam, że należy żyć tu i teraz. Ucząc się na doświadczeniach z przeszłości i mądrości przodków, patrzeć w przyszłość, którą kreują nasze myśli. To one mają najwiekszą moc. Kocham siebie, kocham świat, w którym żyje, codziennie uśmiecham się rano zadając sobie pytania kim dzisiaj jestem? Jaka wiedza i działanie są mi dzisiaj potrzebne, aby w moim życiu panował boski porządek i ten dzień był wyjątkowy? I jak może być jeszcze piękniej?

## Tak to się zaczęło, czyli moja droga do siebie.

Dawno, dawno temu za górami za lasami mieszkała mała księżniczka z rodzicami, miała wspaniałe dzieciństwo a jej marzeniem było spotkanie księcia z bajki, posiadanie wspaniałej rodziny, do tego jeszcze chciała żyć długo i szczęśliwie, jak to w baśniach bywa. Najlepiej jakby to jej królestwo było otoczone pięknym lasem, wodą i górami, a jej sąsiadami były zwierzęta i leśni mieszkańcy. Wokół jej domostwa rosły cudowne rośliny, które mogłaby podziwiać i pielęgnować. Życie w tej krainie byłoby pełne dostatku, każdy mógłby korzystać z jej dobrodziejstwa i obfitości. Ach! Taka kraina absolutnej harmonii Agnieszki.

I tak też było do pewnego momentu, kiedy to trzeba było się obudzić z pięknego snu i zacząć samemu podejmować decyzje oraz liczyć z ich konsekwencjami.

**A zaczęło się tak...** Przyszłam na ten świat ponad 50 lat temu w przygranicznym mieście Zgorzelec. Pomieszkaliśmy tam chwilę z rodzicami mojego taty, aby następnie przenieść się do Częstochowy, gdzie spędziłam około 20 lat życia. Przez wszystkie lata szkoły podstawowej odnosiłam same sukcesy, byłam najlepszą uczennicą w szkole, a dzięki zwycięstwu w olimpiadzie z chemii dostałam się do najlepszego w mieście liceum o profilu biologiczno-chemicznym. To było coś. Wtedy jednak myślałam, że to co pomyślałam (wtedy nieświadomie) się działo. Mieszkaliśmy w niewielkim, wielopokoleniowym domu na peryferiach miasta, ale w otoczeniu natury i zwierząt. Zawsze będę wspominać te czasy kiedy wspólnie z rodziną tworzyliśmy nasz świat, pełen radości, miłości i wsparcia. W tym domu ciągle coś się działo i ciągle ktoś w nim był. Jego niepowtarzalną atmosferę tworzyli ludzie, którzy celebrowali codzienność i hołdowali takim wartościom jak szacunek, zaufanie, uczciwość i odpowiedzialność. Byli w tym bardzo autentyczni i szczerzy, dlatego mogłam rozwijać skrzydła i fruwać tak jak chciałam. Wszystko układało się cudownie, studiowałam, miałam wspaniałego męża, prowadziłam wspólnie z mamą ogrodnictwo i kwiaciarnię, urodziłam syna, wszyscy mieliśmy dużo planów na przyszłość, tych rodzinnych i biznesowych.

**I nagle trach, wszystko runęło jak domek z kart.** 14 marca 1997 r. moja mama odeszła z tego świata. Miałam wtedy 25 lat. Przez ponad 20 lat dręczyły mnie wyrzuty sumienia, że trzymając wtedy na swoich rękach ciało mamy byłam bezsilna wobec tego co się działo. Teraz już wiem, choć to może zabrzmieć dziwnie- wtedy narodziłam się na nowo. Kilka lat temu zaakceptowałam to co się wtedy wydarzyło i zrozumiałam, że to doświadczenie zapoczątkowało niesamowite zmiany w moim życiu, zawodowym i rodzinnym. Po śmierci mamy zaczął się nowy rozdział mojego samodzielnego życia, po czasie depresji i rozpaczy, który zaowocował rozwodem, zostałam samodzielną mamą z firmą ogrodniczą i dwoma etatami w szkole. **Był to czas próby i krótkich nocy, ale dzięki mojej determinacji i wsparciu środowiska, w którym żyłam wszystko nabrało rozpędu.** Synek się rozwijał, ja miałam głowę pełną pomysłów i kolejnych marzeń.

Byłam mamą, pracowałam, miałam pieniądze, ale ciągle brakowało mi kogoś z kim mogłabym to dzielić. Miałam gorące pragnienie bycia kochaną i adorowaną. Zaczęłam spotykać się z moim księciem z bajki. I choć był o 8 lat młodszy, a ja pewna obaw czy to wypada i czy powinnam, wzięliśmy ślub a potem urodziła nam się córeczka. Miałam w nosie to co ludzie powiedzą. Niestety zostaliśmy z naszym szczęściem sami, trzeba było zamknąć sklep, a z czasem i ogrodnictwo. Mieliśmy dwoje dzieci i dom. Ja pracowałam w szkole i finansowo całkiem było dobrze, jednak ciągle byliśmy na tzw. dorobku, brakowało nam samodzielności i zmuszeni byliśmy korzystać z kredytów dla pracowników sfery budżetowej.

**W 2006 roku postanowiliśmy to zmienić i zamieszkaliśmy w UK.** Tutaj początkowo wszystko układało się w miarę dobrze, materialnie stanęliśmy na nogi. Przez ponad 9 lat stworzyliśmy sobie świat, który wydawał mi się wtedy taki bezpieczny i szczęśliwy. Ja w tym czasie wspinałam się po szczeblach kariery, dużo podróżowaliśmy, dzieciaki rosły a my spełnialiśmy kolejne marzenia i kreowaliśmy nowe.

Cofnijmy się jednak w czasie. Ja pracowałam na etacie w zespole szkół w Częstochowie, byłam bardzo zadowolona z tego co robiłam. Pracowałam w bibliotece i byłam polonistą. Do tego udzielałam prywatnych lekcji i byłam egzaminatorem maturalnym. Potrafiłam nawiązywać relacje nie tylko z współpracownikami, ale także młodzieżą i rodzicami. Szybko odkryłam, że edukacja to nie tylko czas spędzony w szkole, ale po prostu doświadczanie życia i umiejętność wykorzystywania tych doświadczeń. Odkryłam także, że to co robię zawodowo jest moją pasją i pragnę być w tym co robię najlepsza. Takie aspiracje wyniosłam z domu, w którym rodzice pokazywali nam, że w życiu nie liczy się to co masz, ale kim jesteś. Tata zawsze uwielbiał czytać i do tego nas zachęcał i inspirował, posiadał wszechstronną wiedzę z wielu dziedzin, zawsze wspierał naszą edukację, bo wiedział z własnego doświadczenia, że wykształcenie się liczy. Mama natomiast była praktykiem i prekursorem ogrodnictwa, to ona jako jedna z pierwszych ogrodników robiła sadzonki krzewów ozdobnych, najpierw z nasion przywiezionych z RFN, a potem z sadzonek trzymanych zimą na parapecie. Nigdy nie zapomnę rozmowy z mamą, kiedy nie wiedziałam jaki zawód wybrać i chciałam iść na ogrodnictwo, ona doradziła, abym wybrała coś innego, bo ogrodnictwa to mnie sama nauczy jak tylko będę chciała się uczyć.

Wracając do naszego wyjazdu do UK, od roku 2004 Polacy mieli możliwość wyjazdu w celach zarobkowych i osiedleńczych do Wielkiej Brytanii. Tak jak w wielu rodzinach, najpierw wyjechał mój mąż. Początkowo miało to potrwać 2 lub 3 miesiące, tak, żeby zarobić trochę pieniędzy i wrócić. Z czasem okazało się, że termin powrotu męża do domu odwleka się w czasie. My żyliśmy sobie w Polsce a on w UK, spędzaliśmy razem wakacje i święta, rozmawialiśmy przez telefon i tak było prawie 2 lata, aż latem 2006 roku postawiłam wszystko na jedną kartę i razem z dziećmi pojechaliśmy do UK. Zostawiłam sobie jednak furtkę w szkole, aby mieć gdzie wrócić. We wrześniu 2006 zamieszkałam w małej miejscowości Bedford, położonej na północ od Londynu. Wszystko było bardzo ekscytujące, nowy kraj, nowy język, nowe otoczenie i jazda po drugiej stronie ulicy. Ach jak cudownie było być tylko mamą, żoną i panią domu, mieć czas dla siebie i oglądać w dzień telewizję. Po wielu latach życia na „pełnych obrotach" taka sytuacja wydawała się spełnieniem marzeń. Na krótko. Może wiele kobiet na moim miejscu byłoby szczęśliwych z takiego obrotu sprawy. Po około 2 miesiącach zorientowałam się, że ciągłe gotowanie, sprzątanie, jeżdżenie do szkoły po dzieci to za mało. Ja chcę do ludzi, bo uwielbiam nawiązywać relacje i kocham wyzwania. I tutaj los jak zwykle odpowiedział szybciutko na moje prośby, chcesz wyzwania to proszę - znajdź sobie pracę. Najlepiej w takich godzinach kiedy dzieci są w szkole i dobrze płatną i tak jak w Polsce w edukacji. Rzeczywistość okazała się nieco inna, znalazłam pracę przez agencję, na linii produkcyjnej w fabryce mrożnek na 3 zmiany! Widać moje zamówienie trafiło do innego działu niż oczekiwałam. To proste, jak chcesz lepszą pracę to musisz znać angielski.

Trzeba było się go nauczyć, bo po tym jak zasnęłam przy mrożonych hamburgerach na nocnej zmianie, wiedziałam, że moja noga więcej nie stanie w fabryce, gdzie jedynym sposobem komunikowania się było machanie lub ziewanie. I wtedy po raz kolejny uśmiechnął się do mnie los i znalazłam pracę w firmie sprzątającej, lepiej płatną i z ludźmi, pokornie znosiłam sprzątanie toalet i marzyłam o tym, że nadejdzie taki dzień, że będę pracować na etacie w brytyjskiej szkole. W domu było dobrze, dzieci były zadowolone z mieszkania w UK, każdy miał swój pokój i nie trzeba było palić w piecu. W weekendy jeździliśmy na wycieczki lub spotykaliśmy się ze znajomymi. Ja zmieniłam pracę, na lepszą, bo w barze, zarabiałam mniej, ale uczyłam się języka i nie myłam już toalet tylko naczynia. To był czas wzmożonego rozwoju, który wykorzystywałam na maksa, uczyłam się angielskiego w collegu, zrobiłam kwalifikacje z edukacji wczesnoszkolnej i nauczania dorosłych. Pracowałam jako wolontariusz w organizacji polonijnej i wreszcie wróciłam do zawodu, uczyłam kilka godzin w tygodniu języka polskiego i historii. Z czasem zaczęłam systematycznie prowadzić kluby języka polskiego w lokalnych szkołach i pracowałam w szkole sobotniej w Bedford. Moje językowe umiejętności rozwijały się i dawały nowe możliwości. W międzyczasie miałam wypadek w barze i wróciłam do pracy przy sprzątaniu, tym razem zrobiłam to świadomie, ponieważ miejsce w którym pracowałam dawało mi możliwości doskonalenia języka i obserwowania pracy w biurze. Bardzo ważnym momentem w mojej karierze był dzień kiedy stanęłam w szkole mojego syna i pomyślałam sobie, że to jest miejsce, w którym będę pracować. Cieszę się, że miałam w sobie na tyle determinacji, że zaraz za tą myślą poszło działanie i zapytałam dyrektorkę czy mogłabym przychodzić na wolontariat.

Okazało się, że nie tylko mogę przychodzić na wolontariat, ale chcą mnie zatrudnić na jeden dzień w tygodniu jako osobę wspierającą polskie rodziny. I tak zaczęła sie moja przygoda w szkole im. St Thomas More. Moja kariera i życie nabierały rozpędu a na swojej drodze zaczęłam spotkać niesamowitych ludzi. W pewnym momencie zostałam nawet jednym z dyrektorów polskiej szkoły i wszystko płynęło wartkim strumieniem aż tu nagle mielizna i kolejne niespodziewne wydarzenia i zmiany w moim życiu. Pierwsze bardzo radosne, kiedy to zostałam babcią a mój syn tatą w wieku 16 lat. Narodziny wnusia były dla mnie wyjątkowym przeżyciem, metafizycznym doświadczeniem, które pokazało mi piękno kreacji i moc natury. Otworzyły drzwi do zaczarowanego świata dziecięcej beztroski i spontaniczności. Obserwując jego wzrastanie mogłam zobaczyć jakie relacje łączą go z rodzicami i na ile jest ich przewodnikiem a na ile integralną i kompletną jednostką.

Drugie niespodziewne wydarzenie, które z kolei odmieniło moje życie zawodowe wydarzyło się w 2013 roku i pokazało mi, że warto w życiu to co się robi, robić z pasją i miłością, ale też rozwagą i rozumem. Tak jak już wspominałam nauczyłam się w życiu, aby to co robię i na czym mi zależy robić najlepiej jak potrafię w danym momencie. Tak też było wtedy. Wspólnie z innymi dyrektorkami polskiej szkoły, zaangażowałyśmy się w rozwój szkoły. Miałyśmy wizję wspaniałej szkoły, do której dzieci chodzą z radością a nauczyciele i rodzice chętnie w tym ich wspierają, tą wizję realizowałyśmy aż do momentu kiedy w ciągu kilku minut zostały odebrane nam nasze pozycje a tym samym marzenia. Okazało się, że w życiu nie zawsze świeci słońce, ale czasem też jest burza. Teraz wiem, że deszcz i burza są potrzebne, aby oczyścić atmosferę i zaprosić coś nowego, coś co pozwoli kreować nową rzeczywistość w czystej przestrzeni. Wtedy właśnie powstała organizacja charytatywna, którą współtworzę do dzisiaj i która jest jednym z najważniejszych projektów w moim życiu.

Przez kolejne kilka lat wiodłam dość spokojne życie, które wypełniała praca, dom, podróże i inne przyjemności. Kupowaliśmy kolejny samochód, spędzaliśmy czas na wczasach w hotelach czy apartamentach, zwiedzaliśmy Anglię i Walię. Bynajmniej tak mogło się pozornie wydawać, jednakże obserwator, który nas znał mógl zobaczyć, że pod płaszczykiem iluzorycznego szczęścia kryła się obopulna samotność, niezrozumienie, brak akceptacji, poczucia własnej wartości i ogólnego zniechęcenia do życia, szczególnie na emigracji. Wymarzyłam sobie życie z moim księciem, chodząc za rękę po plaży, ale zapomniałam go zapytać jakie są jego marzenia.

Dzieci dorastały, więc mieliśmy coraz mniej wspólnych tematów, pasji i chociaż fizycznie żyliśmy razem, to emocjonalnie i energetycznie wpadaliśmy w przepaść. Na chwilę zaświeciło światełko nadziei podczas wspaniałych wakacji nad morzem w Polsce, po których zaczęliśmy planować powrót do kraju. Niestety zajęci codziennością i życiem bez konkretnego celu wpadliśmy w wir zdarzeń, które odciągały nas z obranego kiedyś kierunku. Do tego jakimś cudem zamieniliśmy sie w naszym związku rolami, ja byłam rycerzem, który walczył z przeciwnościami losu i zdobywał środki na zaspokojenie potrzeb rodziny a mój mąż przyjął bierną postawę i oczekiwał na cud. Jak to w bajkach bywa nagle nastąpił zwrot akcji a w moim życiu radykalna zmiana, której konstekwencje były punktem zwrotnym w moim życiu i początkiem totalnej transformacji.

Do tej pory nie napisałam jeszcze o moim zdrowiu, którego stan miał wpływ na moje życie. Odkąd pamiętam pod tym względem byłam inna. Miałam zaburzenia w jedzeniu, nie cierpiałam mleka, miałam anemię więc ciągle brałam zastrzyki z żelazem, kilka razy w roku miałam anginy lub infekcje dróg oddechowych. Było to dość dziwne zjawisko, gdyż mieszkałam prawie na wsi, cały czas przybywałam na świeżym powietrzu, jedliśmy świeże produkty, miałam super rodzinę, wakacje spędzałam na wsi lub w górach czy nad morzem, a ja ciągle byłam chora. Kiedy miałam ok. 15 lat dostałam nagle silnych duszności, które lekarze zdiagnozowali jako zapalenie płuc, te zdarzenia powtórzyły się jeszcze kilka razy co niesamowicie osłabiło mój system odpornościowy do tego stopnia, że okazało się, że mam silną alergię na wiele czynników. Na szczęście moi rodzice nie odczulali mnie i nie dawali mi sterydów tylko szukali alternatywnych metod suplementacji czy pomocy u bioenergoterapeutów.

Z czasem już, po trzydziestce alergia zmieniła się w astmę oskrzelową, która coraz bardziej dawała mi się we znaki, do tego stopnia, że kilka razy znalazłam się w szpitalu z zagrożeniem życia z powodu duszności. Żeby było mało to jeszcze okazało się, że mam anafilaksję, czyli silną reakcję alergiczną na kilka alergenów w tym na jad pszczół i os. To wszystko nasiliło się od ok. 2006 roku kiedy odeszła moja babcia, która mnie zawsze wspierała, chociaż nie mówiła tego słowami. Ona zawsze po prostu była kiedy jej potrzebowałam, tak jak moja mama.

Po odejściu mamy i babci mój stan zdrowia z roku na rok i z miesiąca na miesiąc się pogarszał. A ja zamiast łączyć reakcje ciała fizycznego z moim stanem emocjonalnym rozczulałam się nad sobą i brałam coraz więcej leków, które miały coraz więcej skutków ubocznych. Zapomniałam o kontakcie z naturą i metodach, które kultywowano u mnie w domu rodzinnym. Kilka razy znalazłam się w szpitalu, bo nie mogłam oddychać i traciłam przytomność. Budziłam się w innym świecie, który wydawał mi się piękniejszy i lepszy. Taki bez bólu i lęku przed samym życiem. Jednakże to był inny, równoległy świat do którego chętnie podróżowałam w kryzysowych momentach. Dzięki tym zdolnością potrafiłam w głębi duszy być szczęśliwa i pełna radości , mimo bólu, którego doświadczałam, zachowując pozorny spokój i kamienna twarz. Im bardziej bałam się o swoje zdrowie i życie tym moje ciało miało więcej do powiedzenia i dawało mi więcej znaków. Któregoś dnia, a było to wiosną 2016 powiedziałam sobie, dość tego! Czas wyskoczyć z tego wozu, który jeździ w koło, czas spojrzeć prawdzie w oczy i coś zmienić! Bo jak teraz zabraknie mi odwagi na działanie to pewnie już nigdy się to nie stanie. Na początek przy użyciu naturoterapii oczyściłam mój organizm z toksyn.

Postanowiłam odstawić leczenie farmakologiczne na rzecz odpowiedniej diety i naturalnej suplementacji. Reguralnie spacerowałam i byłam aktywna fizycznie. I przede wszystkim zmieniałam stan swego umysłu. Uwierzyłam, że to ja mam wpływ na swoje życie i mam moc samouzdrowienia, że lekarze są wspaniałymi ludźmi, ale wykonują swoja pracę tak jak zostali przygotowani przez współczesny system edukacji, czyli w większości oparty na syntetycznych lekach.

**Jestem sobie wdzięczna za ten właśnie SUKCES. Za Samoświadomość, którą w sobie odkryłam, za obranie Unikalnego Kierunku w odpowiednim Czasie, za Edukację, która pozwoliła mi na zintegrowanie mojego ciała, umysłu i ducha. A to wszystko dało i daje mi ogrom Satysfakcji i procentuje każdego dnia szczęściem i życiem w radości.**

Po latach doszłam do tego co tak naprawdę działo się z moim organizmem przez te wszystkie lata i dlaczego? Ja po prostu oczyszczałam i uzdrawiałam siebie i swoją przestrzeń, ale, że wtedy brakowało mi uważności i wiedzy zrozumiałam to i zaakceptowałam dużo później. W głębi serca i duszy czułam jednak, że to dzięki mojej obecności ludzie zmieniali swoje życie, że ten błysk w oczach, który u nich się zapalał sprawiał im i mnie wielką radość i rozświetlał mroki mojego i ich życia. Postanowiłam, więc, że warto te doświadczenia i wiedzę wykorzystywać w życiu i pracy, tak zaczęłam tworzyć własne metody i narzędzia edukowania i inspirowania.

## Jakie są moje najważniejsze wnioski do tej pory? Jaką naukę z nich wyciągnęłam?

Uwielbiam przygody, długie wędrówki i wspinanie się po górach. I o ironio! Moje życie właśnie kiedyś było jak wejście na Mont Everest, jednak jak coś robi się z pasją to po prostu idzie się na ten szczyt z radością, wyrzucając kolejne niepotrzebne rzeczy z plecaka. Czasem mocno wieje i nawet zdmuchuje nas z tej drogi, ale wierząc w to, że tak naprawdę nasze możliwości są nieograniczone, podnosimy się doświadczając kolejnych cudów. Mając jasno określony kierunek, będąc na nim skoncentrowanym i konsekwentnym w działaniu osiągamy to co sobie zaplanowaliśmy, a nawet więcej. Ważne, aby jak pisze Paulo Coelho w Alchemiku czytać znaki, które daje nam wszechświat,kontrolować nasze decyzje i zakochać się w swojej drodze.

Odkrywając kolejne prawdy życiowe, transformując ograniczające mnie przekonania i pragnienia w potrzeby, łącząc się z źródłem informacji zapisanym w moim sercu i duszy, dochodzę do wniosku, że zamiast pokonywać kolejne stopnie trudności życiowej gry i iść poziom za poziomem, możesz przyspieszyć ten proces - zdobyć kody dostępu na początku i wykorzystać je w drodze na szczyt, tak na skróty, bez wspinania się i większego wysiłku. Ważne, aby decyzja, którą podejmniesz była zgodna z tym co czujesz i co mówi ci twoja intuicja. Zamiast dużo myśleć pytaj i szukaj odpowiedzi kładąc ręce na sercu, one ułożą się w potrzebne ci kody i otworzą przed Tobą drzwi do raju na ziemi. Osiągając mistrzowski poziom w zadawaniu pytań i selekcjonowaniu myśli, które kreują obrazy staniesz się programistą gry, w którą grasz. I mało tego, zaczniesz czerpać z tego radość jak dziecko, które odkrywa nowe przestrzenie i umiejętności.

Są różne drogi prowadzące do sukcesu, ja dzisiaj wybieram tą „na skróty"!
Odkąd wiem jaka jest moja misja i żyję z intencją moje życie nabrało rozpędu i przyspieszenia.

Kreuję swój świat za pomocą afirmacji. Oto jedna z nich:

„JeStem świadoma mocy kreacji moich myśli, które tworzą Unikatową rzeczywistość, idę w obranym przez siebie Kierunku, żyję w odpowiednim Czasie. Codzienna Edukacja daje mi radość i Satysfakcję. Jestem zdrowa i gotowa na zmiany, które służą memu wzrostowi i najwyższemu dobru".

**To mój przepis SUKCES!**
Ciekwe, którą drogę Ty wybierasz? To Twoja decyzja, bo to Twoje życie!

**Agnieszka Zuzanna Derleta**

**Agnieszka Zuzanna Derleta** - Jestem kobietą nowej ery, która żyje z radością każdego dnia. Kocham drogę, którą wybrałam. Jestem wdzięczna za wszystko czego doświadczam. Kreuję rzeczywistość mocą swych myśli i działań. W moim życiu panuje miłość, pokój i absolutna harmonia. Moją największą pasją jest zdrowa edukacja, czyli edukowanie przez doświadczanie, dzięki której inspiruje siebie i innych do ciągłej ewolucji emocji, zachowań i wyrażania potrzeb. Moja filozofia życiowa i styl życia są wyrazem wielowymiarowej integracji na wszystkich poziomach egzystencji. Jako lingwista kocham tworzyć słowem obrazy. Według mnie największą sztuką jest żyć według tego czego się naucza. Przy okazji zawodowo jestem edukatorem, mentorem i trenerem a prywatnie szczęśliwa kobietą zakochaną w podróżach.

https://www.acedukacja.com
https://www.facebook.com/edukacjawzrost
https://www.facebook.com/ThePLCA

📍 Birmingham 📅 Niedziela 18 Czerwca, 2023 🕐 Godzina 9:30–18.00

# WARSZTAT NA ŻYWO
# "W CO GRAMY W RELACJACH"

Podczas warsztatu będziemy rozmawiać o miłości do siebie i innych, a także o tym, w jakie gry często gramy w naszych relacjach.

**Prowadzący:**

**Iwona Kulwicka**
Menagerka, pisarka i autorka książki "Miłość po 40stce"

**Dariusz Szyndelarz**
Nauczyciel, coach i jasnowidz

**Marta Skibicka**
Terapeutka, uzdrowicielka, naturopatka

Kochani, warsztaty jakich nie było nigdy w UK ani w Polsce! Zapraszamy ogromnie pary, singli i wszystkich, którzy chcą zrozumieć jak porozumiewamy się w relacjach z ludźmi, transformować już istniejące związki na głębokim poziomie psycho-duchowo-ezoterycznym, zbudować karmiącą piękną relację wcale nie zawsze opartą na romantyźmie, bądź odnaleźć miłość w harmonii ze sobą.

Zrozumiesz:
1. Co to jest zakochanie z punktu psycho-duchowego?
2. Co to jest miłość?
3. W jakie „gry" czasem manipulacyjne gramy w relacjach?
4. Jak pracować ze zmysłami by wzajemnie się poznać?
5. Jak stworzyć bardzo głęboką i bliską, oparta na zaufaniu relację?
Z miłością Marta, Iwona i Darek

## Zapisz się

 **Polish Millennium House Bordesley Street Birmingham B5 5PH**

 **18 czerwca 2023 – niedziela**

 **9.30 - 18.00**

# Czy warto przeprowadzać transmisje na żywo na platformach społecznościowych?

LIVE ▶ STREAM

Weronika Pokusa-Piekutowska • •

Codziennie dostaję takie pytania. Są przedsiębiorcy i eksperci różnych dziedzin, którzy uważają, że bez tych narzędzi marketingowych nie potrafią funkcjonować. Są też tacy, którzy uważają, że w ogóle nie przemawia do nich ta forma promocji. Czy to są ignoranci? Spora liczba użytkowników platform społecznościowych chciałaby zacząć przeprowadzać transmisje, żeby zaistnieć na rynku, ale kompletnie nie wie, jak do tego się zabrać i jak tworzyć transmisje na żywo.

Zacznijmy od początku. Przytoczę Ci kilka liczb statystycznych, myślę, że dadzą one obraz, jak wygląda obecna sytuacja na rynku. I myślę, że w pewnym stopniu zmienią to Twoje podejście do transmisji na żywo.

## Czy nasi klienci uwielbiają transmisje na żywo?

- 90% klientów przyznaje, że transmisje live odnośnie oferowanych usług i produktów pomagają podjąć decyzje zakupowe.
- 84% klientów chętniej dokonuje zakupów po obejrzeniu transmisji live.
- 79% użytkowników woli oglądać transmisje live oraz wideo niż czytać artykuły i posty na blogach lub platformach społecznościowych.

Co można zatem powiedzieć na temat przyzwyczajeń rynku zbytu, czyli jak nasi klienci podejmują decyzje zakupowe?

Na pierwszy rzut oka widać, że bez żadnej filozofii ponad 90% naszych potencjalnych klientów kupuje u konkurencji, idą tam, gdzie ludzie codziennie prowadzą transmisje live.

To oznacza, że codziennie uciekają Ci pieniądze. Takie są fakty, przed którymi nie uciekniesz. To powinno zmusić Cię do refleksji i zmiany swojej strategii sprzedażowej. Nie uciekniesz przed tym, nasi klienci są coraz bardziej wymagający i nie cofniemy tego procesu. Dzisiejszy świat pędzi jak szalony, a nasi klienci, którzy teraz są młodsi, może nie są naszą grupą docelową, ale za parę lat to się zmieni, a te pokolenia są nauczone całkowicie innych działań i mają innowacyjne nawyki. Zobacz, co się stało podczas pandemii i po niej. Świat już nie jest taki sam jak był wcześniej. Coraz starsze osoby prowadzą transmisje na żywo, bo sytuacja do tego zmusza. Nawet lekcje były przeprowadzane online.

## Dlaczego warto otworzyć się na tworzenie transmisji live?

Jest kilka ważnych powodów, o których dzisiaj chcę Ci opowiedzieć w tym artykule.

**1** Nasi klienci kochają kupować, ale najbardziej lubią spędzać czas i wydawać pieniądze podczas albo po transmisjach na żywo. Jak czytasz powyżej, ponad 90% klientów, czyli 9 na 10 osób, deklaruje, że chętniej kupuje po obejrzeniu transmisji lub wideo. Takie są fakty, których nie jesteś w stanie zmienić. Naszym zadaniem jest pomoc i rozwiązanie problemu klienta, dlatego powinniśmy wychodzić naprzeciw jego potrzebom i zacząć przeprowadzać transmisje na żywo z myślą o nich.

**2** Czysty ekonomiczny powód reklamy na platformach społecznościowych i w sieci to niższe koszty. Tutaj nie ma nad czym się za bardzo rozczulać, tak po prostu jest, bo filmy są chętniej otwierane. Dla przedsiębiorców jest to prosta oszczędność.

**3** Transmisje live rozwijają naszą twórczość. Codzienna praca nad poszerzaniem strefy komfortu powoduje, że w naszym mózgu tworzą się nowe neurony, które są odpowiedzialne za nasz rozwój intelektualny oraz pracę nad stresem, który jest wywołany poprzez prowadzenie transmisji live.

**4** Praca nad prowadzeniem transmisji live pomaga nam również w odważnym prezentowaniu się, na przykład podczas prezentacji produktu czy usługi, negocjacjach, jeśli mamy kontrakt do wynegocjowania, w momencie prezentacji swoich umiejętności podczas rozmowy o pracę, prezentacji siebie podczas wydarzeń, szkoleń lub konferencji. Nie sposób wymienić sytuacji, kiedy praca nad live wpływa na nasz rozwój.

**5** Jeśli regularnie przeprowadzasz transmisje na żywo, Twoja twarz staje się rozpoznawalna. Nasz mózg lepiej zapamiętuje obrazy wizualne, co powoduje, że lepiej zapamiętujemy przez naszych przeszłych klientów. Potrzeba siedmiu punktów styku, aby osoby zaczęły u nas kupować produkty i usługi. Częstsze pojawianie się przed kamerą pozwala szybciej zdobyć zaufanie publiczności.

Ciągle zastanawiamy się i analizujemy, czy warto sięgać po narzędzia marketingowe, jakimi są video i transmisje na żywo. Tracimy czas i pieniądze na działania, które nie pomagają nam w docieraniu do nowych odbiorców. Codziennie spod nosa ucieka nam masa potencjalnych klientów - czy tak musi być? Stanowczo nie! Świat pędzi jak szalony, film goni film, transmisja za transmisją, a gdzie są Twoje? Jeżeli czegoś nie zrobisz, to gwarantuję Ci, że za kilka miesięcy, może rok, będziesz zamykać lub przeprowadzisz przebranżowienie biznesu. Po prostu tak jest - ciągle jesteśmy poddawani nowym wyzwaniom i doświadczeniom, ale czym stałaby się nasza droga do sukcesu, gdybyśmy nie dostawali nowych wyzwań na drodze? Nie zastanawiaj się już dłużej - twórz transmisje na żywo, a Twoja satysfakcja po nich będzie wspaniałą zapłatą. Czekam na Twoje transmisje na żywo - zapraszam do mnie, obserwuj mnie i ucz się od mnie. Gwarantuję Ci, że za rok będziesz inną osobą w pozytywnym sensie - tutaj mówię: do zobaczenia na wirtualnej sali szkoleniowej.

**Weronika Pokusa-Piekutowska**

**Weronika Pokusa-Piekutowska** - Trener, prezenterka, konferansjer, twórczyni. Pomagam ekspertom tworzyć skuteczne transmisje live, które ułatwiają w dotarciu do jak największej liczby odbiorców i w promocji ich marki osobistej. Prywatnie mama Eliasza i żona Szczepana.

FB: https://www.facebook.com/veronicaliveshow
www.veronicalive.show

# 1-DNIOWE WARSZTATY ONLINE
# ZOBACZ SIEBIE W KAMERZE

### Skuteczne i sprawdzone techniki tworzenia transmisji na żywo

## 17 czerwca 2023 Online  REZERWUJ MIEJSCE

GOSIA GÓRNA    KLAUDIA KONIARSKA    WERONIKA POKUSA-PIEKUTOWSKA    SZCZEPAN PIEKUTOWSKI

## WYKORZYSTAJ SPRAWDZONE I POUKŁADANE STRATEGIE, ABY OD RAZU ZWIĘKSZYĆ ZASIĘGI ORAZ ZAANGAŻOWANIE TWOJEJ SPOŁECZNOŚCI.

Czujesz frustrację i zwątpienie, ponieważ nie przybywa Ci odbiorców i nie wiesz jak wykorzystać swoje możliwości, aby ciekawie prowadzić transmisje live?

Wiesz, że masz potencjał, wiedzę i doświadczenie. Jesteś ekspertem w swojej dziedzinie, ale ciągle coś trzyma Cię w miejscu i powstrzymuje przed otwarciem się na nowe możliwości, jakie daje Ci tworzenie transmisji live?

Jesteś w doskonałym miejscu, aby zmienić swoją sytuację raz na zawsze! Zbuduj zaangażowaną i aktywną społeczność opierając się o ciekawe, unikalne livy i spraw,
aby Twój biznes odnosił niesamowite wyniki.

Zarezerwuj bilet na 1-dniowe warsztaty ZOBACZ SIEBIE W KAMERZE,
Skuteczne i sprawdzone techniki tworzenia transmisji na żywo

- Opakuj swoją wiedzę i doświadczenie w transmisje live, które tworzysz raz i udostępniasz wielokrotnie.
- Stwórz swoją indywidualną formę transmisji na żywo i bądź zampamiętywana przez swoich odbiorców.
- Przeprowadzaj transmisje na żywo tak, abyś była postrzegana jako ekspert i budowała swój biznes.
- Zbuduj eksperckie imperium i rozpoznawalność, aby w każdym miejscu generować wysokie efekty.
- Zbuduj rozpoznawalną markę osobistą na lata, która da Ci wymarzoną niezależność.
- Prowadź wyjątkowe i zgodne z Tobą transmisje na żywo.

## Zarezerwuj miejsce na Warsztaty
## TYLKO 70 MIEJSC w tej cenie    REZERWUJ MIEJSCE

# ABC
## pielęgnacji ciała i twarzy

Magdalena Mostowy

## Jak wiele z nas zapomniało o prawidłowej pielęgnacji, a właściwie o odpowiednim myciu?

Przez ponad 20 lat mojej pracy zawodowej jako kosmetyczka/kosmetolog zrozumiałam, jak bardzo ważne jest edukowanie klientów. Często dla nas, profesjonalistów, podstawy tak oczywiste jak mycie się (odpowiednie), są kluczowe, ale okazuje się, że jednak wiele osób nie robi tego w prawidłowy sposób.

Osoby, które na co dzień noszą makijaż, często popełniają błąd i śpią w nim. Skóra, która „śpi" w makijażu, starzeje się w ciągu jednej nocy aż o 7 dni szybciej.

Kolejna bardzo ważna kwestia to to, czego używamy do zmywania makijażu.

## Sprawdzajmy skład produktów.

Bardzo ważne, jeśli są to pianki lub żele do mycia twarzy, aby nie zawierały alkoholu, sulfatów (SLS, SLES itp.), parabenów. Sulfaty bardzo mocno zaburzają barierę hydrolipidową skóry. Co za tym idzie, pojawiają się podrażnienia, łuszczenie się skóry, wypryski.

Kolejnym bardzo ważnym elementem demakijażu lub po prostu mycia twarzy jest użycie toniku. Wiele osób go pomija, szczególnie osoby używające płynu micelarnego. **Tonik neutralizuje pH skóry.** Powoduje, że skóra lepiej „przyjmuje" serum, krem. Nasze pH skóry powinno wynosić pomiędzy 4.7-5.6. pH skóry 0-7 jest kwaśne, a powyżej zasadowe.

Pachy i pachwiny mają zwykle pH około 6.5, co też jest ważne, aby utrzymywać w odpowiedniej higienie, aby uniknąć nadmiernego pocenia lub nieprzyjemnego zapachu. Z wiekiem pH skóry się zmienia, wzrasta i to powoduje również starzenie. Jeśli pH skóry jest zaburzone i np. zbyt niskie (kwaśne), skóra produkuje więcej łoju i potu.

Jeśli twoja skóra jest bardzo tłusta, skłonna do wyprysków, bardzo ważne jest nawilżanie. Dużym błędem jest nie stosowanie kremów nawilżających przy takiej cerze. Skóra odwodniona z zaburzoną barierą hydrolipidową będzie wytwarzać jeszcze więcej łoju.

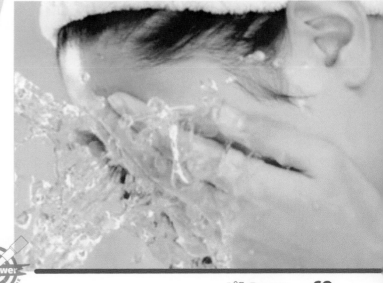

## Dieta jest również bardzo ważnym czynnikiem w pielęgnacji skóry.

Na przykład różnego rodzaju napoje gazowane zawierające od 44 do 62% kwasu fosforowego zakwaszają organizm i mogą powodować zmiany skórne (wypryski, suchość, AZS, egzema, zaczerwienienia). Białe pieczywo, cukier oraz nadmiar alkoholu również wpływają niekorzystnie na skórę.

Oczywiście, muszę też nadmienić tutaj o słynnych **mokrych chusteczkach**, które są bardzo nielubiane przez wszystkie kosmetyczki. Wyjątkowo, w podróży lub w warunkach, gdzie nie można umyć twarzy, mogę „zgodzić" się na użycie delikatnych chusteczek bez żadnych dodatków chemicznych. Ale ważne jest, aby nie używać ich na co dzień. Mokre chusteczki mogą podrażniać skórę i zdecydowanie nie polecam ich szczególnie przy wrażliwych cerach.

Kolejnym bardzo ważnym elementem demakijażu u pań, które noszą sztuczne rzęsy (i nie tylko), jest ich odpowiednie mycie. **Na naszych rzęsach żyją takie małe stworzenia zwane nużeńcem.** Bardzo często przy nieodpowiedniej pielęgnacji i braku higieny nużeniec znosi jaja na powiekach i rzęsach, co jest już widoczne gołym okiem. Sam nużeniec nie robi krzywdy, jeśli nie rozmnaża się patologicznie. Często podrażnienia na skórze twarzy, które pojawiają się przy np. skórze skłonnej do trądziku różowatego, są wynikiem obecności nużeńca. Nie oznacza to jednak, że występuje on tylko przy sztucznych rzęsach.

Czasem słyszę, że klientki myją twarz żelem do higieny intymnej lub po prostu szamponem lub żelem pod prysznic. Niestety, te produkty mogą wysuszać skórę twarzy i powodować podrażnienia. Przy zakupie środków myjących polecam zwrócić uwagę na te, które również nie zawierają SLS, parabenów itp. Rynek oferuje bardzo szeroką gamę kosmetyków dostępnych z dobrym składem.

## Mycie pędzli do makijażu!

Jedna z wiodących firm kosmetycznych postanowiła zbadać czystość pędzli do makijażu i porównać je z wynikami badań próbek pobranych z londyńskiego metra. Okazało się, że pędzle z kosmetyczki miały większą zawartość bakterii, grzybów i drożdżaków o 60 razy niż próbki z londyńskiego metra!

Badania przeprowadzono, pobierając wymazy z pędzli pani, która myła je co jakiś czas. Nie trzeba chyba nikogo zachęcać do mycia lub czasem wymiany akcesoriów do makijażu.

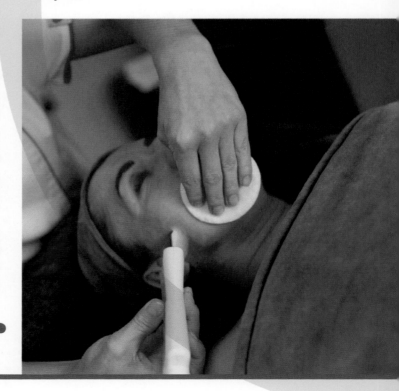

Pamiętajmy również o samej kosmetyczce lub pojemniku, w którym przechowujemy pędzle i inne akcesoria do makijażu. O te również trzeba dbać, a czasem nawet wymieniać.

Kosmetyki kolorowe również trzeba sprawdzać. Jeśli masz tusz do rzęs i widzisz, że nie tuszuje już tak dobrze i ma dziwną konsystencję, to znak, że trzeba zakupić nowy. Tusz do rzęs trzeba zmieniać co 2-3 miesiące. Pamiętaj, że możemy tam zachować różne patologiczne stworzenia, które podrażnią oczy.

Pomadki, cienie do powiek, podkłady - wszystkie te kosmetyki mają swoją datę przydatności od otwarcia. Sprawdź opakowanie, tam znajdziesz informacje.

## Myjesz twarz? Pamiętaj, aby dobierać odpowiedni produkt.

Zrób peeling raz w tygodniu.

Użyj toniku po każdym zmyciu twarzy.

Ilość kremu też jest ważna. Nie nadużywaj produktów. Rozmiar monety 10 pensowej wystarczy na całą twarz i szyję. Krem pod oczy - „ziarenko ryżu" pod jedno oko.

**Ważną kwestią jest zmienianie pościeli co tydzień**, a szczególnie poszewki na poduszkę. Przy trądzikowych cerach nawet codziennie. Używaj osobnego ręcznika do twarzy, który zmieniaj codziennie.

## Rozpieszczaj się!

Wybierz się do kosmetyczki przynajmniej raz na jakiś czas. Zabiegi w gabinecie kosmetycznym wspomogą pielęgnację domową. Zabieg np. oczyszczający, odpowiednio dobrany do Twojego typu cery, wspaniale odżywi, oczyści i nawilży skórę. Stosuj automatyczny masaż, kryształami, rolkami czy po prostu ręką. Podczas automasażu pobudzasz układ nerwowy, stymulujesz nerw błędny, który odpowiada między innymi za proces mowy i inne funkcje organizmu. Zachęcam zarówno panie, jak i panów, a także nasze dzieci, do spędzania czasu razem, na przykład „bawiąc się w domowe spa". Nie tylko świetnie spędzimy czas z najbliższymi, ale także zadbamy o nasze ciało i wyrobimy zdrowe nawyki u najmłodszych. Zapraszam do darmowej konsultacji telefonicznej lub na social media. Z miłości i pasji do zdrowego ciała,

**Magdalena Mostowy**

www.beautybymagda.co.uk

Magdalena Mostowy, kosmetyczka i kosmetolog z ponad 20-letnim doświadczeniem. Miłośniczka zdrowego stylu życia, morsowania, wegańskiego jedzenia... i gorzkiej czekolady. Moja praca jest moją pasją. Uwielbiam się rozwijać, doskonalić swoje umiejętności i łączyć „świat" kosmetologiczny z holistycznym.

# 5 Największych kłamstw o miłości

**Ela Senghera** ● ●

Tworzenie stabilnego i trwałego związku nie jest prostym zadaniem. Prawda jest taka, że nie można go znaleźć, trzeba go zbudować. Początki wielu relacji romantycznych wyglądają podobnie. Często zaczyna się od pociągu fizycznego, aczkolwiek ten etap nie trwa zbyt długo. Po kilku miesiącach bycia w nowym związku, wszystko sprowadza się do umiejętności znalezienia porozumienia, sztuki skutecznej komunikacji, wzajemnego szacunku i cierpliwości. Miłość jest w nas i wokół nas, ale tak jak długo istnieje miłość, tak wiele jest również mitów i nieporozumień na jej temat.

Nasze pojęcie miłości bardzo często opiera się na książkach i filmach, które oglądaliśmy już jako dzieci. Bardzo często miłość była nam przedstawiana jako romantyczna historia dwojga kochanków, którzy potrafią czytać sobie w myślach i skoczą za sobą w ogień! Niestety rzeczywistość często wygląda nieco inaczej. Dlatego też dla większości z nas ważne jest, aby zmienić sposób, w jaki postrzegamy dzisiejszą miłość - mniej jako historię z bajki, a bardziej jako praktyczny aspekt naszego życia. Myślę, że warto przynieść do światła dziennego największe mity na temat miłości. Poniżej wspominam o kilku, które dla mnie okazały się bardzo ważne.

## 1

### Po znalezieniu tego „Jedynego" twoja praca jest zakończona.

Kiedy jesteśmy młodzi i niedoświadczeni, jesteśmy bardziej podatni na wpływy z zewnątrz. I w związku z tym najpierw przyswajamy informacje z naszego otoczenia, od naszych rodziców, rodzeństwa, z książek i filmów, a dopiero później formułujemy nasze własne opinie na różne tematy. I to dokładnie w tej kolejności!

Jest więc rzeczą zupełnie naturalną, że podstawy swoich relacji z innymi tworzymy w oparciu o to, co nauczyliśmy się od rodziców lub opiekunów, a potem przez swoje własne doświadczenia. Kiedy jesteś singlem, możesz czasami czuć się samotny i w związku z tym możesz myśleć, że twoje życie jest tak nieszczęśliwe, że gorzej już nie może być. Myślisz, że znalezienie odpowiedniej osoby jest rozwiązaniem na wszystkie Twoje życiowe problemy i jak tylko znajdziesz swoją "drugą połówkę" to zmieni się wszystko, a nowy partner zapewni Ci wieczne szczęście. Niestety, to tak nie działa. Znalezienie partnera to dopiero początek, a nie koniec. To wtedy zaczyna się praca. A sukces związku będzie wymagał pracy. Jednak wiele z nas dochodzi do tego wniosku dużo później, często wtedy, kiedy doświadcza problemów w relacji z partnerem.

## 2

### Rolą Twojego partnera jest zapewnić Ci szczęście.

To kolejny bardzo powszechny mit. Prawda jest taka, że to my jesteśmy odpowiedzialni za swoje szczęście. Nikt inny nie jest w stanie tego zrobić. Nie możesz polegać na innych, aby zapewnić Ci szczęście. Jest tak, ponieważ nie jesteś w stanie kontrolować innych, ich myśli i zachowań. Jeśli traktujesz ich jako źródło swojego szczęścia, to kiedy oni odejdą, zniknie z Twojego życia razem z nimi Twoje szczęście! I bardzo często się tak dzieje. Dlatego buduj swoje szczęście, zanim wejdziesz w nowy związek. Pamiętaj, że jeśli jesteś nieszczęśliwy/nieszczęśliwa, będziesz przyciągać do siebie nieszczęśliwych ludzi, włącznie z Twoim nowym partnerem!

Musisz nauczyć się kochać i szanować siebie, abyś był/była w stanie kochać i szanować innych. Dzięki zrozumieniu samego siebie, swoich marzeń, lęków, potrzeb i oczekiwań, będziesz miał/miała większe szanse na znalezienie „właściwego" partnera i zbudowanie stabilnego związku. Poznanie, zaakceptowanie i pokochanie samego siebie to pierwszy krok. Poznanie partnera to drugi. Gdy to zrobisz, spełnienie wzajemnych oczekiwań będzie dużo łatwiejsze, a Twój związek będzie miał dużo większe szanse na przetrwanie.

## 3

### Dobre relacje istnieją lub nie i nie powinny wymagać zachodu.

Zdrowe relacje w naturalny sposób sprawiają, że czujemy się dobrze. Jednak wszystkie związki wymagają również pracy. Jeśli nie jesteś pewna, czy dana relacja jest dla Ciebie dobra, zadaj sobie pytanie: „Czy ta relacja sprawia, że jestem radośniejsza i zdrowsza psychicznie i fizycznie?" Jeśli tak - to świetnie! Natomiast, jeśli tak nie jest, to konieczne jest poprawienie swojej sytuacji, ale zaczynając od siebie! Poznaj siebie. Dowiedz się więcej o sobie i swoich wartościach, o tym co jest dla Ciebie ważne. Zastanów się, jaki masz cel w życiu i jakie priorytety? Znajdź swoje własne szczęście, robiąc rzeczy, które kochasz. Gdy to zrobisz, łatwiej zrozumiesz punkt widzenia innych, włącznie z Twoim obecnym lub przyszłym partnerem. Jak już zrozumiesz siebie samego, będziesz w stanie zakomunikować, czego potrzebujesz i lepiej zrozumieć, czego od Ciebie potrzebują. Wtedy będziesz w stanie ocenić swoją sytuację i zdecydować o kolejnych krokach w rozwoju związku. Niezależnie od tego, czy zdecydujesz się zbudować z kimś związek, czy nie, czy zdecydujesz się zostać ze swoim partnerem, czy też go opuścić, staniesz się bardziej świadomy/świadoma siebie i swoich potrzeb.

### Jak już jesteśmy w związku, to powinniśmy być nierozłączni.

To kolejne wielkie kłamstwo. Niestety, jest to błąd, który sama popełniłam i mimo tego, że w głębi duszy wiedziałam, że spędzamy razem zbyt dużo czasu i za bardzo polegamy na sobie nawzajem, nie wiedziałam, jak to przerwać. Nie chciałam zranić uczuć mojego partnera. Teraz żałuję, że nie postawiłam swoich granic dużo wcześniej, już na początku związku. Robiłam za dużo rzeczy dla niego, a przez to nie miałam czasu dla siebie. W rezultacie po jakimś czasie czułam się, jakbym straciła swoją własną tożsamość. Przez to do naszego związku powoli wkradły się kłótnie. Wiele ludzi nie zdaje sobie sprawy z tego, że posiadanie własnego kręgu przyjaciół, własnej ścieżki rozwoju i własnej tożsamości jest tym, co zapewni nam zdrowy i zrównoważony związek z drugą osobą. Niestety większość z nas nie uczy się tych rzeczy w szkole lub od rodziców... W rzeczywistości ta niezależność i bycie indywidualną jednostką jest tak samo ważna jak nasza miłość, wzajemny szacunek lub silny pociąg fizyczny. Nasza niezależność jest bardzo ważna i potrzebna, aby miłość w związku mogła się rozwijać. Dbaj więc o to, aby mieć swoją niezależność i zdrowy dystans od partnera. Dzięki temu zmniejszysz swoje oczekiwania i dasz sobie szansę na silniejszy związek.

### Problemy same się rozwiążą, jeśli je zignorujesz.

Wiele z nas przeżyło rozstanie z partnerem i cierpiało z tego powodu. Problemy w związkach zdarzają się bardzo często. Dzieje się tak przede wszystkim dlatego, że łączymy się z kimś, kto jest od nas zupełnie inny.

Nie możemy i nie jesteśmy w stanie go zmienić ani kontrolować. Ludzie się nie zmieniają, chyba że sami chcą się zmienić. Próba zmiany kogoś na siłę to bardzo nieskuteczny sposób na frustrację. Jeśli w związku pojawiają się problemy, to jedynym sposobem na ich rozwiązanie jest spokojna i otwarta komunikacja. Nie krytykuj, nie wylewaj brudu, nie płacz, nie krzycz ani nie narzekaj, ale efektywnie i spokojnie rozmawiaj. Pamiętaj, że „do tanga trzeba dwojga", a związek to jak taniec dwóch osób. Postaw się więc od czasu do czasu w sytuacji twojego partnera lub partnerki i spróbuj zrozumieć ich sytuację i ich sposób myślenia. Co próbują Ci powiedzieć? Z czym mają problem? Jeśli masz w sobie dużo gniewu, smutku lub frustracji, postaraj się „ochłodzić" i pozbyć się swojej złości i negatywnych emocji. Wyjdź z domu, idź na spacer lub weź kilka głębokich oddechów.

Kontynuuj rozmowę dopiero gdy będziesz już spokojniejsza/spokojniejszy. Jeśli jednak czujesz, że efektywna komunikacja jest trudna do osiągnięcia, ponieważ być może oddaliście się od siebie, spróbuj zorganizować romantyczną randkę lub wakacje, aby odejść od rutyny i ponownie się ze sobą „połączyć". To powinno Ci przypomnieć, jak było między wami na początku. Jeśli to nie pomoże, spróbuj czegoś innego – na przykład terapii lub znalezienia niezawodnej opieki nad dzieckiem, aby zapewnić czas na relaks dla was obojga. Efektywna komunikacja bez wyrzutów i osądzania siebie nawzajem to jedyny sposób na rozwiązanie problemów w związku i zrozumienie swojego partnera. Bez spokojnej, zrównoważonej rozmowy, często w związkach osiada pogarda i uraza. Wtedy jest bardzo trudno się nawzajem szanować, kochać i doceniać, a co więcej - spędzić resztę życia razem.

**Ela Senghera**

**Ela Senghera** - Life Coach i praktyk NLP, który inspiruje transformację w życiu dorosłych i dzieci. Założycielka i dyrektorka Virtually Unbreakable, firmy zajmującej się poprawą zdrowia psychicznego w rodzinach. Pisarz i twórca treści, który z pasją pomaga ludziom stać się szczęśliwszą wersją samych siebie.

Orędownik zdrowia psychicznego i gospodarz podcastu, pomagający słuchaczom zainicjować pozytywne zmiany poprzez dzielenie się prawdziwymi historiami z życia i edukacyjnymi treściami.

Autorka dwóch książek: „Poradnik zdrowia psychicznego dla zapracowanych mam" („Mental Health Guide for Busy Mums") oraz „Naucz swoje dzieci budować pozytywny obraz siebie" („Teach Your Kids to Build a Positive Self Image").
Prywatnie szczęśliwa mama i żona.

Strona Firmy www.virtuallyunbreakable.co
Podcast
https://virtuallyunbreakable.buzzsprout.com/share
Książki
„Mental Health Guide for Busy Mums"
„Teach Your Kids to Build a Positive Self Image"

# Rozwój osobisty NIE DZIAŁA!

## Część 3

## shelf-development

**Agnieszka Troć**

## To nie pomyłka ani literówka w tytule.

### Dokładnie o shelf-development mi chodzi, a nie o self-development. Już tłumaczę, co to oznacza.

Self-development to nic innego jak po angielsku samorozwój. Słowo „SELF" (/sɛlf/) według portalu lingo.pl oznacza „swoje własne ja, własna osoba, własna natura, osobowość, ego, jaźń". Natomiast „DEVELOPMENT" (/dɪˈvɛləpmənt/) to „rozwój, wzrost, postęp". W zestawieniu tych dwóch słów otrzymujemy znaczenie - „samorozwój", „rozwój osobisty", „rozwój własny". Jeśli tematyka rozwoju nie jest Ci obca, na pewno miałaś już do czynienia z tymi słowami.

A jak ma się do tego słowo „SHELF" (/ʃɛlf/), czyli półka? Dlaczego to właśnie PÓŁKA może być przyczyną, że rozwój osobisty nie działa?

Jeśli zajmujesz się rozwojem osobistym od jakiegoś czasu, zapewne przeczytałaś już niejedną książkę, wysłuchałaś niejednego webinaru, wzięłaś udział w niejednej konferencji, a może nawet rozmawiałaś z coachami, psychologami lub innymi przewodnikami w tej dziedzinie. Zatrzymaj się teraz na chwilę i zastanów się, ile czasu poświęciłaś na edukację w tym zakresie - na czytanie, słuchanie, szkolenia, kursy, konferencje i warsztaty.

Jestem przekonana, że całkiem sporo, bo skoro masz wrażenie, że utknęłaś, to znaczy, że już przeszłaś jakąś drogę, a to wymaga między innymi samodoskonalenia.

Czy masz zatem wrażenie, czytając kolejną książkę, słuchając kolejnego audiobooka, uczestnicząc w kolejnych warsztatach czy konferencji, że:
- Ty już to wiesz,
- Ty już to znasz,
- Ty już to wszystko przerobiłaś,

ale u Ciebie to nie działa?

Jeśli Twoja odpowiedź brzmi TAK, to zadaj sobie inne pytanie. Ile z tej wiedzy, którą zdobyłaś z książek, audiobooków, warsztatów, szkoleń, kursów i konferencji, wdrożyłaś w swoje życie? Ile teorii przełożyłaś na praktykę?

Być może odpowiesz, że przecież Ty znasz siebie i wiesz, że u Ciebie nie zadziała, więc po co tracić czas. Na co ja odeślę Cię do mojego poprzedniego artykułu, gdzie pisałam o „klątwie wiedzy" i o tym, co Ci daje to, że „Ty wiesz".

Choćbyś zgromadziła nie wiadomo ile wiedzy i nie wdrożyła jej w życie lub próbowała, ale za krótko, nie ma szansy, że zauważysz jakiekolwiek zmiany.

I właśnie to gromadzenie wiedzy na półkach naszego świadomego umysłu nazywam shelf-development (rozwijanie półki) a nie self-development (rozwijanie siebie).

Prawdziwym kluczem do samorozwoju jest nie tylko gromadzenie wiedzy, ale aktywne stosowanie jej w swoim życiu, eksperymentowanie z różnymi technikami i strategiami oraz uczenie się zarówno na podstawie sukcesów, jak i porażek. Aby uznać coś za sukces lub porażkę lub aby zmienić daną strategię, trzeba wdrażać wiedzę wystarczająco długo, by umieć wyciągnąć z niej wnioski. Jeśli spróbowaliśmy czegoś dwa razy, nie możemy oczekiwać rezultatów.

Podam Ci przykład. Jestem przekonana, że większość z nas ma świadomość tego, że aby zgubić niepożądane kilogramy, najlepiej jest połączyć aktywność fizyczną z odpowiednią dietą. Wiesz o tym, prawda?

Wyobraź sobie zatem osobę, która przeczyta 100 książek na temat różnych diet i kolejne 100 na temat różnych technik ćwiczenia (siłownia, pilates, joga, bieganie, itd.) i będzie miała wiedzę na temat każdej dyscypliny sportowej oraz na temat każdej diety, jaka jest obecnie modna na rynku, a nie zastosuje tej wiedzy w swoim codziennym życiu. Jak myślisz, czy uda jej się schudnąć?

A czy uważasz, że ta osoba, po pójściu dwa razy na siłownię i przez tydzień stosując dietę z jednej z książek, osiągnie pożądane i długotrwałe rezultaty?

Możesz mieć ogromną wiedzę na temat ćwiczeń i diety, ale nie schudniesz, jeśli nie będziesz jej stosował każdego dnia. Tak samo jest z rozwojem osobistym. Możesz podobnie mieć zgromadzoną całą teorię, ale bez wdrażania jej w swoje życie niestety nic się nie zmieni.

**Rozwój to zmiana. Jest to proces, który wymaga zaangażowania i czasu, by zobaczyć efekty.**

Podam Ci jeszcze inny przykład. Wyobraź sobie, że chcesz zrobić remont mieszkania, albo chociażby pokoju. Czy wystarczy poczytać o tym w czasopismach wnętrzarskich lub na stronach internetowych? Oczywiście że nie. Od gromadzenia wiedzy i oglądania pięknych wnętrzarskich inspiracji niestety Twój pokój nie przemieni się nagle jedynie siłą woli.

Trzeba podjąć jakieś działania. Mało tego, idąc nawet o krok dalej, niestety zmiana nie nastąpi nawet jeśli kupisz wszystkie wymarzone farby, tapety, panele i inne niezbędne materiały.

Musisz jeszcze zakasać rękawy i wziąć się do roboty, czasami bardzo brudnej roboty, przy której się zmęczysz, spocisz, ale ostatecznie osiągniesz efekt. Ewentualnie możesz zatrudnić kogoś, kto Ci w tym pomoże. Ktoś kto ma doświadczenie, zrobi to zdecydowanie szybciej a Ty się mniej pobrudzisz. Jedyne, co musisz, to fachowcowi zaufać, że zrobi to dobrze.

Wyobraź sobie, że tak samo jest z rozwojem osobistym. Tu także o wiele łatwiej jest osiągnąć efekty, jeśli nie polegamy jedynie na sobie i mamy zaufanie do osób, które nas prowadzą.

Ale o tym przeczytasz w kolejnym magazynie Life Power, który już w lipcu.

A teraz, jeśli masz wrażenie, że Twój rozwój osobisty nie działa, że gdzieś utknęłaś i nie wiesz, co możesz z tym dalej zrobić, zapraszam Cię na 30-minutową bezpłatną konsultację. Przeanalizujemy Twoją sytuację i sprawdzimy, czy przyczyną może być strefa komfortu, o której pisałam w piątym numerze magazynu Life Power, klątwa wiedzy opisana w 6 numerze, czy może shelf-development z tego artykułu. A może kolejne blokady, o których przeczytasz w następnych numerach magazynu Life Power.

**Agnieszka Troć**

**Agnieszka Troć** - certyfikowany life coach, art coach, arteterapeuta oraz chromaterapeuta. Łączy wieloletnie doświadczenie architekta, artysty, coacha i terapeuty. Pomaga innym, nie tylko artystom, rozwijać kreatywność, pokonywać blokady, poszerzać strefę komfortu oraz poprzez sztukę i pracę z dziennikiem dotrzeć do głębokiego poznania siebie w celu dokonania transformacyjnych zmian uwalniających od przeszłości a także by kreować najlepszą wersję przyszłości.

FB : Agnieszka Troc
IG: akademia_atdp
IG: agatroc.coach

www.atdp.com.pl

# Waniliowe babeczki dla początkujących

Ela Byrne ● ●

# Składniki :

- 200 g margaryny (o temperaturze pokojowej, najlepiej sprawdza się 'baking spread' dostępny na półkach większości angielskich supermarketów)
- 200 g białego cukru
- łyżeczka esencji waniliowej
- 4 średnie jaja (utrzepane w osobnej misce widelcem)
- 200 g mąki (self raising)
- 2 łyżki mleka (o temperaturze pokojowej)
- 12 foremek papierowych
- specjalna blaszka do pieczenia babeczek

## Dekoracja:

- 100g masła niesolonego
- 100g cukru pudru
- 50 ml mleka skondensowanego
- dżem malinowy lub truskawkowy

## Wykonanie babeczek:

1. Nagrzać piekarnik do 180 stopni C. Margarynę i cukier zmiksować (zwykły ręczny mikser elektryczny najlepiej się nadaje) do uzyskania jasnego koloru i puszystej konsystencji.
2. Dodać esencję waniliową oraz utrzymane wcześniej w osobnej misce jajka. Miksować ponownie, aż składniki się połączą.
3. Dodać przesianą wcześniej mąkę i ponownie miksować (około minuty). Zbyt długie miksowanie powoduje, że babeczki nie wyrastają równomiernie, opadają lub wychodzą lekko zakalcowate. Należy więc pamiętać, aby nie przedobrzyć z miksowaniem.
4. Do masy dodać dwie łyżeczki mleka (o temperaturze pokojowej).
5. Używając łyżki stołowej, napełnić papierowe foremki powstałą masą (3/4 wysokości foremki).

**Ela Byrne**
FB: Cakes by Ella

6. Wstawić do rozgrzanego piekarnika i piec około 18 minut. Najlepiej sprawdzić wykałaczką wbijającą w środek babeczki, jeśli będą gotowe, to patyczek będzie czysty.
7. Używając końcówki do ozdabiania babek, w środku babeczki robimy dziurkę i nakładamy dżem.
8. Używając rękawa cukierniczego i końcówki (ja uwielbiam pracować z końcówką 1M), ozdabiamy przygotowanym wcześniej kremem. Zaczynając od środka, zataczamy kółko, tak aby pokryć powierzchnię babeczki. Aby nabrać wprawy, warto poćwiczyć ten ruch na talerzyku. W ten sposób krem z talerza można ponownie wykorzystać do ozdobienia babek.
9. Babeczki można ozdobić według własnego uznania. Ja wykorzystałam suszone maliny i ciasteczka z dżemem malinowym, ponieważ do nadzienia babek też użyłam dżemu malinowego.

## Wykonanie kremu:

1. Masło w temperaturze pokojowej miksujemy z cukrem pudrem do uzyskania jasnej, gładkiej masy.
2. Dodajemy mleko skondensowane i ponownie miksujemy.
3. Można dodać kilka kropli esencji waniliowej dla smaku.
4. Gotową masę przekładamy do rękawa cukierniczego i ozdabiamy babeczki.

Life Power jest tworzony przez kobiety dla kobiet.
Jeśli są tematy, które interesują Cię szczególnie
- napisz do nas.

email: lifepower.magazyn@gmail.com
FB: Life Power
IG: @lifepower.pro

W celu nawiązania współpracy napisz do nas lub skontaktuj
się z zespołem redakcyjnym.

## Zapraszamy także do prywatnej grupy na Facebooku

# LifePower

biznes · finanse · relacje · rozwój · zdrowie · rodzina · otoczenie · relaks

## Women's work zone – GRUPA

## FB grupa: LifePOWER - Women's work zone

## Kolejny numer magazynu

# Life Power

## już w lipcu 2023 r.